유럽 축구

Top 40
Greatest
Managers
in Europe

명장의 전술

프롤로그

세상의 많은 직업 중에서 축구감독만큼 '다양함'이 요구되는 직업도 없을 것이다.

우선, 다양한 전술에 대해 숙지하고 있어야 한다. 선수들에게 점유는 물론 압박에 대해서도 지도해야 한다. 밸런스를 잘 맞추면서 측면공격에도 신경 써야 한다. 모든 요소를 고루 갖춘 감독만이 최고의 자리에 오를 가능성이 있다.

흥미로운 점은 이러한 축구전술이 감독의 삶에 대한 자세와 태도를 반영한다는 것이다. 축구는 정신과 재주가 한 덩어리인 스포츠다. 삶에 대해 강한 의지와 경쟁심을 가진 감독들은 압박을 선호한다. 성품이 조용하고 지적인 감독은 일반적으로 점유를 선호한다. 전술이란 한 인간의 삶의 방식이자 캐릭터다. 감독의 출생과 성장배경, 인품과 축구에서 지향하는 전술의 밑바닥에는 공통분모가 있다. 이것이 축구의 묘미다.

이 책에서 필자는 개성이 넘치는 40명의 감독에 대해 소개하고, 그들의 출생과 명승부, 대표적인 전술과 팀조직 등에 대해 기술했다.

감독이라면 누구나 절대로 양보할 수 없는 자신만의 신념을 가지고 있다. 한발 물러섰다 실패한 과거를 극복하고 현재를 살아가는 감독도 있다. 그들에게는 과연 무엇이 터닝 포인트였을까.

현재 활약하는 여러 축구감독들의 다양한 전술 및 트렌드를 이 책으로 터득할 수 있기를 바란다.

차례

⌄ Chapter 1
명장 名將

비센테 델 보스케 ········· 008
Vicente Del Bosque

오토 레하겔 ············· 012
Otto Rehhagel

유프 하인케스 ··········· 016
Josef Heynckes

요아힘 뢰브 ············· 020
Joachim Löw

조세 무리뉴 ············· 024
José Mourinho

라파엘 베니테즈 ········· 028
Rafael Benitez

루이스 엔리케 ··········· 032
Luis Enrique

펩 과르디올라 ··········· 036
Josep Guardiola

마르첼로 리피 ··········· 040
Marcello Lippi

카를로 안첼로티 ········· 044
Carlo Ancelotti

알렉스 퍼거슨 ··········· 048
Alex Ferguson

⌄ Chapter 2
지장 智將

디에고 시메오네 ········· 056
Diego Simeone

페르난도 산토스 ········· 060
Fernando Santos

에르네스토 발베르데 ····· 064
Ernesto Valverde

우나이 에메리 ··········· 068
Unai Emery

마누엘 페예그리니 ······· 072
Manuel Pellegrini

루시앵 파브르 ··········· 076
Lucien Favre

파비오 카펠로 ··········· 080
Fabio Capello

로베르토 만치니 ········· 084
Roberto Mancini

안토니오 콘테 ··········· 088
Antonio Conte

클라우디오 라니에리 ····· 092
Claudio Ranieri

마시밀리아노 알레그리 ··· 096
Massimiliano Allegri

아르센 벵거 ············· 100
Arsène Wenger

디디에 데샹 ············· 104
Didier Deschamps

데이비드 모이스 ········· 108
David Moyes

❯ Chapter 3

개성파 個性派

마르셀로 비엘사 ················ 116
Marcelo Bielsa

위르겐 클롭 ················ 120
Jürgen Klopp

파코 헤메스 ················ 124
Francisco Jémez

앨런 파듀 ················ 128
Alan Pardew

루이 판 할 ················ 132
Louis Van Gaal

거스 히딩크 ················ 136
Guus Hiddink

즈데넥 제만 ················ 140
Zdenek Zeman

루치아노 스팔레티 ················ 144
Luciano Spalletti

❯ Chapter 4

신진기예 新進氣銳

마우리시오 포체티노 ················ 152
Mauricio Pochettino

로저 슈미트 ················ 156
Roger Schmidt

토마스 투헬 ················ 160
Thomas Tuchel

안드레 빌라스 보아스 ················ 164
André Villas Boas

로베르토 마르티네스 ················ 168
Roberto Martínez

로랑 블랑 ················ 172
Laurent Blanc

브랜든 로저스 ················ 176
Brendan Rodgers

❯ Column

1. 축구를 변화시킨 남자
요한 크루이프 ················ 052
Johan Cruijff

2. 축구를 변화시킨 남자
아리고 사키 ················ 112
Arrigo Sacchi

3. 축구를 변화시킨 남자
조세 무리뉴 ················ 148
José Mourinho

프롤로그 ················ 003
에필로그 ················ 180
크레딧 ················ 182

─── 포메이션을 읽는 방법 ───

⟹ 드리블   ┄┄> 수비의식
⟶ 선수의 움직임 ┄┄> 패스·크로스

※10쪽부터 게재된 포메이션 화살표의 뜻

Chapter 1
명장 名將

그의 이름이 곧 보증수표나 다름없는 위대한 명장들이다.
전술과 선수의 컨디션 관리는 물론,
종합적인 수완도 빛을 발한다.
금세기 개최된 월드컵과 유럽축구선수권대회,
챔피언스리그CL 가운데 하나 이상을 제패한
감독들 중 11명의 명장을 소개한다.

Famous General

비센테 델 보스케 Vicente Del Bosque
오토 레하겔 Otto Rehhagel
유프 하인케스 Josef Heynckes
요아힘 뢰브 Joachim Löw
조세 무리뉴 José Mourinho
라파엘 베니테스 Rafael Benitez
루이스 엔리케 Luis Enrique
펩 과르디올라 Josep Guardiola
마르첼로 리피 Marcello Lippi
카를로 안첼로티 Carlo Ancelotti
알렉스 퍼거슨 Alex Ferguson

> 패기와 건강함으로 가득 찬 선수들의 탈의실은 100시간 들여 생각해낸 전술보다 훨씬 값지다.

품격으로 사랑받는 흰 수염의 신사
팀에 인간미를 부여하다

비센테 델 보스케
Vicente Del Bosque

≫ 감독이 되기까지의 경력 · 배경 · 인물상

대부분의 선수 시절을 레알 마드리드에서 보내고 같은 클럽에서 지도자 경력을 쌓았다. 1999년부터 총감독으로 정식 취임하면서 유럽축구연맹 UEFA CL을 두 번 제패했다. 취임했던 네 시즌 동안 팀을 모두 4강 이상으로 진출시키는 등 안정적인 성적을 거뒀다. 매우 소탈하고 늘 겸손한 모습의 그는 축구에서 성실함을 가장 중요시한다. 자존심 강하고 까다롭기로 유명한 스타선수들이 즐비한 빅 클럽을 훌륭하게 이끌어가는 통솔력은 누구에게나 사랑받는 그의 인간성에서 나온다. 2008년부터 스페인 국가대표팀을 이끌고 월드컵과 유럽축구선수권대회를 제패했다. 클럽과 국가대표팀의 감독으로 3대 영예(월드컵, 유럽축구선수권대회, 유럽축구연맹 CL)를 모두 차지한 감독은 델 보스케가 유일하다.

≫ 명승부

2001-02 시즌 전반전 종료 직전 지단이 천금 같은 발리슛을 날려 2-1의 승리를 결정지은 CL 결승골은 지금까지도 회자되는, 축구역사에 길이 남을 명장면이다. '피구는 오른쪽 사이드, 지단은 중앙'처럼 델 보스케는 개인이 특기를 살릴 수 있는 포지션에서 자유롭게 아이디어를 발휘할 수 있도록 공격에 큰 제약을 두지 않는다. 그만큼 전체적인 균형이 맞도록 신경 쓴다. 중원 밑에 마켈렐레를 배치하여 우직한 해결사 역을 맡기고, 해마다 빅 네임을 영입해 "은하계군단Los Galácticos"을 조율해냈다. 그가 퇴임한 이후로 클럽이 정체기에 빠졌다는 사실이 보스케의 조율사로서의 가치를 여실히 증명하고 있다.

🛈 육성한 스타선수

이케르 카시야스 / 레알 마드리드 유스팀 감독 시절부터 아끼는 애제자. 1999년부터 1군으로 선발하여 스타플레이어로 성장할 수 있도록 길을 열어주었다. 스페인 국가대표팀에서도 그에 대한 신망은 여전하여, 레알에서 출전기회를 얻지 못한 그를 변함없이 기용했다.

이반 엘게라 / 델 보스케 밑에서 유명해진 선수 중 하나. 마켈렐레, 이에로와 더불어 은하계군단의 뼈대 역할을 톡톡히 해냈다. 원래 포지션은 MF이지만 그의 전천후 능력 때문에 센터백으로 더 많이 기용되었다.

☀ 천적 및 라이벌

루이 판 할 / 델 보스케가 레알 마드리드 감독이던 시절에 네덜란드인 판 할은 바르셀로나 감독이었다. 그들은 2014년 브라질 월드컵 첫 시합에서 다시 맞붙었다. 지난 회 우승국가인 스페인은 네덜란드의 완벽한 역습과 사이드 공격에 제압당하면서 소월리그에서 탈락하는 수모를 겪어야만 했다.

조세 무리뉴 / 바르셀로나와 레알 마드리드에서 많은 선수들을 소집해야 하는 스페인 국가대표팀 감독에게 두 클럽을 경쟁관계로 몰아넣는 무리뉴는 골칫거리였다. 직접 대전한 적은 없으나 숨은 라이벌 관계다.

Formation Case 01 | 레알 마드리드 (2002-03)

∨ Basic Formation

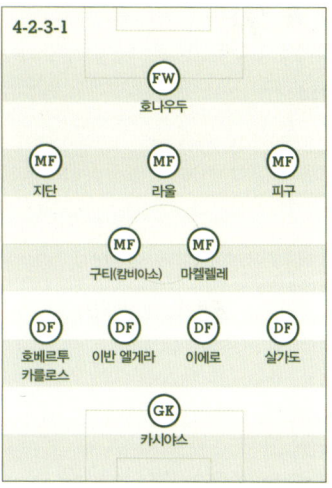

공수분업의 스타시스템

취임 초기에는 스리백3Back을 시도하는 등 시행착오를 거듭했으나 2000년 피구를 영입한 이후로 점차 4-2-3-1로 고정되었다. 잇따라 입단하는 스타플레이어를 그때마다 팀에 정착시키고, 4시즌을 거치면서 최종적으로 안착한 형태가 바로 이 시스템이다. 1선 선수들은 수비의식이 높지 않으나 공격을 위해 그 위치에 남아 있으므로 수비진은 뺏은 볼을 심플한 종패스로 안심하고 1선으로 넘길 수 있다. 이러한 분업적 시스템은 오히려 상대 팀에 위협적이었다. 시즌 후 델 보스케가 해임되자 클럽은 마켈렐레를 방출하고 베컴을 영입했는데 이는 절묘한 팀 밸런스의 붕괴를 자초했다. 이후 레알은 암흑기를 맞이하게 된다.

포메이션	[4-2-3-1] [4-4-2]
프리 키커	피구, 호베르투 카를로스, 지단
빌드 업	점유 지향적
주공격	중앙, 양쪽 사이드 공격 등 광범위함
수비영역DF area의 고저	낮음. 남아 있는 공격수에게 볼을 연결함

∨ Special Formation

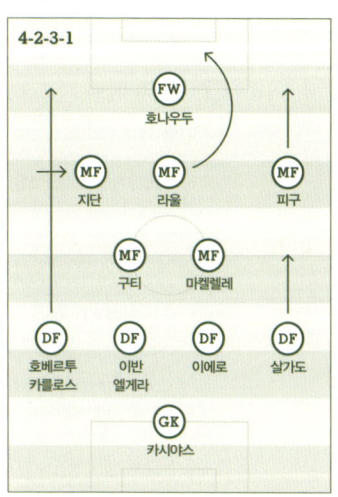

특기를 살리는 배치의 묘수

돌파력 있는 피구를 오른쪽 사이드에 고정시켰다. 그 뒤에 수비 중심의 살가도를 배치하여 마음껏 1대 1 승부를 시킨다. 한편 왼쪽 사이드에 배치한 사령탑 지단은 사이드에서 시작하지만, 자유롭게 중앙으로 파고든다. 빈 왼쪽 사이드는 공격적인 호베르투 카를로스가 뛰어들어가면서 붕괴시키는 시스템이다. 1선에는 골 결정력이 있는 호나우두를 원톱으로 두고, 돌파 등 기점 만들기가 가능한 라울을 공격형 미드필더로 배치한다. 그리고 호나우두에게 포지션을 뺏긴 구티를 마켈렐레의 파트너로 지명해 기술력 있는 플레이메이커로의 새 경지를 개척하게 만들었다.

> **Point!**
> 이 시기부터 사령탑을 사이드에 배치시키는 4-2-3-1이 점차 확산됐다. 공격적 사이드백과의 조합이 관건이다.

Formation Case 02 | 스페인 국가대표(2010, 2012)

⇩ Basic Formation

4-2-3-1

메시가 빠진 바르셀로나의 완성형

바르셀로나 소속 선수 7명을 기용한 스페인 국가대표팀은 남아프리카에서 사상 처음으로 월드컵을 제패했다. 기술과 판단력을 살린 점유 형태는 바르셀로나를 그대로 답습했다. 그러나 상대 조직력을 파괴하는 메시가 부재한 상황에서는 상대 팀이 견고한 수비로 맞서면 공간이 없어지면서 상황을 뒤집는 폭발력이 떨어질 수밖에 없었다. 이로 인해 득점하지 못하고 연장전으로 돌입하는 상황이 자주 발생했다. 한편 부스케츠, 사비 알론소를 배치한 중원은 안정된 공수 균형감으로 선취점을 내면 그대로 지켜내는 안정감이 돋보였다. 선취점을 내면 이를 끝까지 지켜내어 승리하는 것이 이 팀의 주된 스타일이다.

포메이션	[4-2-3-1] [4-4-2]
프리 키커	사비, 비야
빌드 업	후방에서 쇼트패스로 연결
주공격	중앙의 콤비네이션
수비영역(DF area의 고저)	경기에 따라 달라지나, 다소 낮게 후퇴

⇩ Special Formation

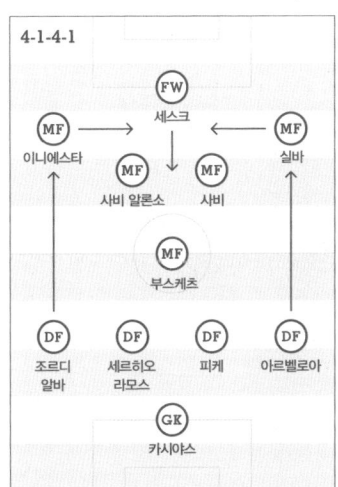

4-1-4-1

중원을 강조하는 제로톱

스페인 국가대표팀은 바르셀로나가 기본 바탕이지만 시스템 구조는 달랐다. 메시가 중심인 바르셀로나는 양쪽 윙에 거리를 두어 중앙에 에이스를 위한 공간을 확보하는 전술을 사용했다. 그러나 스페인 국가대표팀에서는 이것이 불가능하다. 그래서 역으로 양쪽 사이드하프가 중앙으로 들어가 점유 거리감을 좁혀 콤비네이션을 중시하는 전략을 구사했다. 빈 사이드에는 사이드백이 중복하여 공격의 폭을 확보했다. 원톱에는 비야를, 2012년 유럽축구선수권대회에서는 제로톱으로 세스크를 기용했다. 기본적으로 중앙 콤비네이션을 강화시키기 위한 전략이었다.

Point!
슈퍼서브로서 헤수스 나바스를 기용했다. 크로스는 효과적이지 못했지만 공간돌파력으로 팀을 도왔다.

그리스인은
개인주의로 유명하다.
팀으로 뭉치지 않으면
결코 강해질 수 없다.

자기희생을 바탕으로 한
철벽 맨투맨을 구축하다

오토 레하겔
Otto Rehhagel

» 감독이 되기까지의 경력 · 배경 · 인물상

1972년 현역에서 은퇴하여 1974년부터 키커스 오펜바흐에서 감독생활을 시작했다. 1981년 취임한 브레멘에서는 14시즌 장기집권했다. 이러한 성공을 바탕으로 1995년 바이에른 뮌헨 감독으로 영전했으나, 팀에 대한 희생정신을 요구하는 지도방향이 스타선수들과 맞지 않아 1시즌을 마치지 못하고 해임되었다. 그 후 1996년 2부 리그로 강등되었던 카이저스라우테른에서 지휘봉을 잡아 첫해에 1부 리그 승격을 달성시키더니, 다음 시즌에는 승격클럽으로는 이례적인 분데스리가 우승이라는 놀라운 성적을 냈다. 빅 클럽보다는 적은 자원으로 큰 성과를 내는 전형적인 스몰클럽형 감독이라 할 수 있다.

» 명승부

가장 유명한 공적은 그리스 국가대표팀을 이끌고 2004년 유럽축구선수권대회를 제패한 것이다. 조별리그에서는 골득실차로 겨우 스페인을 누르고 2위로 진출했다. 이후 여세를 몰아 승승장구하다가 조별리그에서 이긴 개최국 포르투갈과 결승에서 다시 맞붙게 되었다. 90분 동안 유효슈팅수가 겨우 4개에 불과했으나 후반 12분 코너킥으로 넣은 황금 같은 1점을 지켜내면서 개최국을 두 번 격파, 그리스 사상 첫 우승을 달성했다. 8강 프랑스전, 4강 체코전, 결승전 포르투갈전 모두 1-0으로 승리했다. 이러한 기적에 열광한 그리스 국민은 레하겔을 그리스 신화의 헤라클레스에 비유하여 '레하클레스'라 칭송했다.

🛈 육성한 스타선수

토마스 샤프 / 1999년부터 2013년까지 브레멘을 지휘한 명장. 선수생활도 같은 클럽에서 했던 그는 평소부터 코치 지망심이 강해, 레하겔의 배려로 코치 겸 선수로 활약할 수 있었다.

콘스탄티노스 카추라니스 / 레하겔에 의해 첫 소집된 미드필드 하드워커. 그리스 국가대표팀의 강점인 철통수비를 지탱한 선수. 2014년 유럽축구선수권대회의 우승을 이끈 최종멤버 중 한 명으로 브라질 월드컵에도 출전했다.

✤ 천적 및 라이벌

오트마르 히츠펠트 / 도르트문트와 바이에른을 이끈 독일인 명장이다. 타이틀을 겨룬 적은 많지 않았으나, 2010년 월드컵 예선에서는 스위스를 이끌고 그리스와 대전했다. 2전 2승으로 스위스가 승리했는데, 두 팀 모두 예선 통과했다.

루이스 펠리페 스콜라리 / 브라질 국가대표팀 감독으로 2002년 월드컵을 제패했다. 2003년부터 포르투갈 대표 감독으로 취임해 그 이듬해 유럽축구선수권이라는 빅 타이틀을 노렸으나 레하겔에게 패했다.

Formation Case 01 | 브레멘(1985-86)

⩔ Basic Formation

맹위를 떨치는 다이렉트 사커

레하겔 지휘 초기, 장신인 노이바트를 타겟맨으로 하고 10번 부르그스뮐러가 사이드로 빠지면서 드리블돌파를 시도한다. 과연 독일답게 직접 골을 노리는 스타일로, 사이드로부터의 크로스와 세트피스에서의 공중전에서 위력을 발휘했다. 일본인으로는 최초로 유럽 프로축구선수가 된 오쿠데라 야스히코는 쾰른과 헤르타 베를린을 거쳐 브레멘에 입단했다. 기술과 스피드는 물론 희생정신을 겸비한 선수로 레하겔의 신임을 얻었고, MF 외에도 사이드백 등 여러 포지션에 투입되었다.

포메이션	[4-4-2] [3-5-2]
프리 키커	쿠초프, 오쿠데라
빌드 업	FW로의 롱패스, 종패스
주공격	측면공격, 세트피스
수비영역 DF area의 고저	낮음

⩔ Special Formation

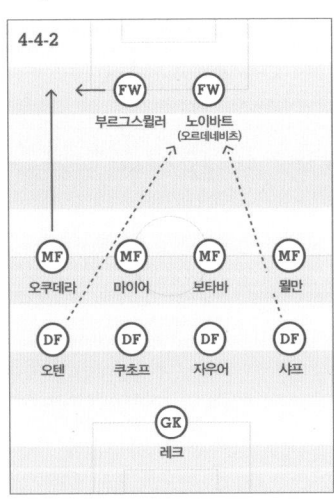

슈퍼서브가 승부를 결정짓다

1986년 기린컵에 참가하기 위해 브레멘이 일본을 방문했다. 이 대회는 오쿠데라가 브레멘에서 뛴 마지막 경기가 되었다. 파우메이라스와의 결승전에서는 선제골을 허용했으나 오쿠데라의 왼발 크로스를 노이바트가 오버헤드킥으로 골인시켜 1-1 동점을 만들어 연장전에 돌입했다. 승부의 열쇠는 슈퍼서브에게 있었다. 당시 21세 신인으로, 훗날 제프유나이티드 이치바라로 이적해 1994년도 득점왕이 된 오르데네비츠가 중간에 투입되었다. 두 팀 모두 지쳐있던 연장전에서 오르데네비츠가 특기인 드리블로 2골 1도움으로 크게 활약한 덕분에 브레멘은 파우메이라스를 4-2로 제치고 우승을 거머쥐었다.

> **Point!**
> 규율과 팀에 대한 헌신을 중요시하는 레하겔에게 있어 동료선수의 커버링을 솔선수범하는 오쿠데라는 매우 중요한 존재였다.

Formation Case 02 | 그리스(2004)

⩔ Basic Formation

4-5-1

맨투맨에 의한 선수비 후역습

상대 팀에 따라 세부적인 변화를 줬지만, 기본적으로 맨투맨 전술을 구사했다. 포백에 스위퍼로 델라스를 남기고, 다른 3명에게는 대인방어를 맡겼다. 그리고 최전방의 장신 브리자스를 타겟터로 하여 주로 쇼트카운터를 노렸다. 레하겔의 기본자세는 브레멘 시절에서 크게 벗어나지 않았다. 개인보다는 팀이 우선이며, 팀을 위해 희생한다는 마음가짐으로 움직여줄 것을 선수 전원에게 요구했다. "30명이나 되는 선수들이 하나로 뭉치려면 규칙을 따를 필요가 있다."고 하면서 각자 원하는 플레이를 펼치며 개인주의가 만연했던 그리스 팀에 규율을 도입해 변혁을 일으켰다. 이것이 그의 지도철학의 근간이다.

포메이션	[4-4-2] [4-4-2]
프리 키커	카라구니스, 바시나스
빌드 업	다이렉트 사커, 롱볼
주공격	쇼트카운터, 세트피스
수비영역 DF area의 고저	낮음. 가능할 때는 높은 라인에서.

⩔ Special Formation

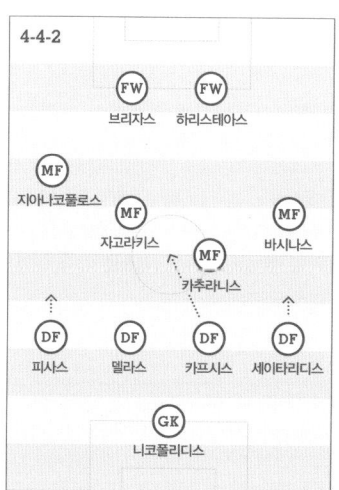

4-4-2

키맨을 완벽하게 봉쇄, 완봉에 성공하다

2004년 유럽축구선수권대회 우승이라는 기적을 일으킨 그리스 선수들은 매 경기마다 격한 몸싸움을 마다하지 않아 옐로 카드가 누적되는 바람에 출장정지를 당하는 일이 속출했다. 포르투갈과의 결승전에서도 공격의 핵이었던 카라구니스가 출장정지를 당했다. 그리스는 경기를 거듭할수록 득점력이 있는 하리스테아스를 더 높은 라인에서 투톱처럼 뛰게 하고 4-5-1에서 4-4-2로 옮겨갔다. 피구, 호날두, 파울레타에 대인마크를 붙이고, 중원의 데코는 서로 번갈아가며 마크했다. 1-0으로 리드한 후반전에는 브리자스와 지아니고폴로스를 DF로 바꾸어 끝까지 철벽수비로 상대 팀의 공격을 막아냈다.

> **─ Point! ─**
> 맨투맨은 유동적인 공격에 취약하다.
> 상대 팀의 공격적 사이드백인 미겔이
> 전반전에 부상으로 교체된 것도 그리
> 스가 우승하는 데 한몫했다.

> 우리에게는 공통된 목표가 있다.
> 이를 위해서는 규율이 필요하다.
> 같은 색깔의 양말을 신는 것부터
> 시작해야 한다.

스타선수를 땀 흘리게 하며
조직력 있는 팀을 만들다

유프 하인케스
Josef Heynckes

≫ 감독이 되기까지의 경력 · 배경 · 인물상

고향인 보루시아 묀헨글라트바흐에서 분데스리가 사상 3위인 220득점을 달성한 에이스 FW 출신이다. 은퇴 후 독일에서 지도자 생활을 시작했고, 1990년대부터 스페인으로 건너가 아틀레틱 빌바오, 레알 마드리드 등의 감독을 역임했다. 하인케스는 당시 독일축구가 내용보다는 체력과 정신력에만 의존하는 것에 위기의식을 느끼고 있었다. 발전하는 전술과 스타선수를 다루는 법 등 축구의 전반적인 면을 스페인에서 배우고 익힌 뒤 2000년대 중반 독일로 돌아왔다. 2012-13 시즌에는 바이에른 뮌헨에서 집대성이라 할 수 있는 팀을 만들어낸 다음 분데스리가와 DFB 포칼, 유럽 CL의 3관왕을 달성하고 감독직에서 용퇴했다.

≫ 명승부

분데스리가 2위, DFB 포칼 준우승, CL 준우승 등 2011-12 시즌은 이래 저래 아쉬움이 남는 시즌이었다. 국내에서는 도르트문트에 역전당하고 CL 결승에서는 첼시에 패했다. 이러한 굴욕에 무릎 꿇지 않고 2012-13 시즌은 CL 결승에서 숙적인 도르트문트를 꺾으면서 3관왕을 달성했다. 유프 하인케스는 엄격한 규율을 팀에 적용시켜, 패배의 쓴맛을 조직을 위해 뛰는 헌신의 힘으로 바꿔놓았다. 이를 상징하는 사건이 있다. 같은 시즌의 훈련 때 슈바인슈타이거와 토니 크로스가 규율로 정한 흑색이 아닌 흰색 타이즈를 신은 적이 있었다. 하인케스는 이 두 사람을 용서하지 않고 벌금을 부과해 선수들에게 규율이란 어떤 것인지에 대해 가르쳤다.

❶ 육성한 스타선수

프랑크 리베리 / 소년 시절에 스트리트 사커로 실력을 키운 리베리는 드리블 외에는 딱히 축구에 흥미가 없었다. 하인케스는 이 말썽꾸러기 소년을 발군의 수비력을 갖춘 팀플레이어로 변모시키며 그의 수비의식을 한층 업그레이드시켰다.

토니 크로스 / 2007년 17세에 1군 데뷔를 이뤘으나, 출장기회가 주어지지 않았다. 이후 2009년 하인케스가 지휘하는 레버쿠젠으로 이적하면서 경험을 쌓기 시작했다. 2011년부터 다시 바이에른에서 사사하며 팀의 중심선수로 활약하고 있다.

❂ 천적 및 라이벌

위르겐 클롭 / 2시즌 연속으로 분데스리가의 패권을 빼앗아간 라이벌이다. 3관왕을 달성한 2012-13 시즌 때 하인케스는 도르트문트의 영상을 보여주면서 공수전환과 몸싸움은 이렇게 하는 것이라며 선수들을 다그쳤다.

Formation Case 01 | 레알 마드리드 (1997-98)

∀ Basic Formation

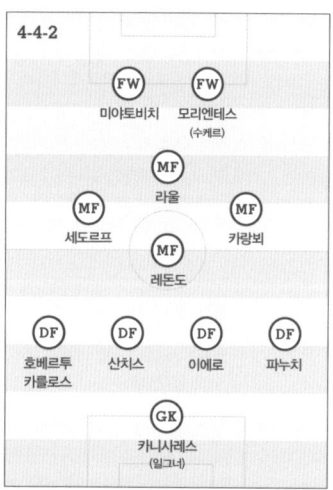

개성파 집단을 통솔하여 CL 제패

빌바오, 테네리페에서의 실적을 인정받아 1997-98 시즌 독일인으로서는 사상 처음으로 레알 마드리드 감독에 취임했다. 첫해에 CL 우승이라는 성과를 냈으나, 리그 성적이 4위에 머무른 것에 책임을 지고 퇴임했다. 팀의 중심은 중원 아래를 맡았던 플레이메이커 레돈도였다. 그는 왼발로 짧고 긴 패스를 정확하게 구사하고, 단독 드리블돌파 기술도 있었다. 하인케스는 이 개성파 집단을 이끈 1시즌을 통해 스타선수를 어떻게 다루어야 하는지, 미디어에 대처 자세 등 많은 것을 배웠다.

포메이션	[4-4-2]
프리 키커	호베르투 카를로스, 이에로
빌드 업	점유, 역습
주공격	측면공격, 스루패스
수비영역 DF area의 고저	낮음

∀ Special Formation

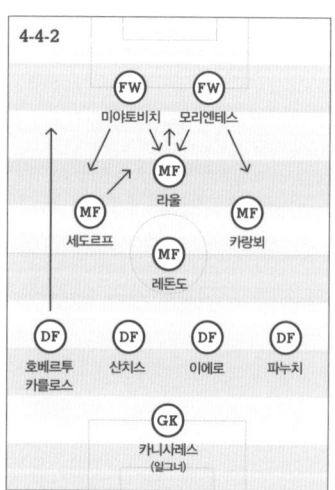

유동적인 연계 플레이가 장점

1선은 유동적인 연계 플레이가 특기였다. 미야토비치와 모리엔테스는 골 결정력이 있는 스트라이커로 뛰는 동시에 공간을 넓게 활용하며 빌드 업에도 가담했다. 이 투톱과 교대로 라울이 후방으로 침투하는 공격은 그야말로 위협적이었다. 왼쪽 사이드백 호베르투 카를로스는 중앙을 중점으로 플레이하는 세도르프와 연계하며 측면으로 과감하게 오버랩을 시도했다. 또한 견고한 1대 1 수비로 정평이 난 파누치가 밸런스를 잡았다. 1999년부터 시작된 델 보스케 시대의 조류를 엿볼 수 있는 팀이었다.

─ Point! ─
전년도에 대대적인 개혁을 단행한 카펠로의 팀을 그대로 이어받았으므로, 엄밀히 말하면 하인케스가 만든 팀이라고는 할 수 없다.

유프 하인케스

Formation Case 02 | 바이에른 뮌헨(2012-13)

≫ Basic Formation

도르트문트를 표본으로 한 최강의 3관왕

재빠른 공수전환으로 볼을 빼앗는 '게겐 프레싱(Gegen Pressing)'(전방 압박) 전술로 주목받은 감독은 클롭이었다. 하인케스는 도르트문트를 표본으로 팀을 개선했다. 리베리나 로벤과 같은 스타선수를 뛰게 만들어 볼을 뺏는 스피드를 높임으로써 바이에른의 강점이었던 역습 시 빠른 종방향 공격이 더욱 강화되었다. 레알 마드리드에서의 1997-98 시즌 때와 마찬가지로, 하인케스는 다른 팀의 아이디어를 유연하게 흡수해 엄격한 규율과 밸런스를 갖춘 팀으로 만들어내는 능력이 탁월했다. 이른바 '재탕의 명장'이라 할 수 있다.

포메이션	[4-2-3-1]
프리 키커	슈바인슈타이거, 알라바
빌드 업	빠른 종방향
주공격	측면공격, 세트피스
수비영역DF area의 고저	높음

≫ Special Formation

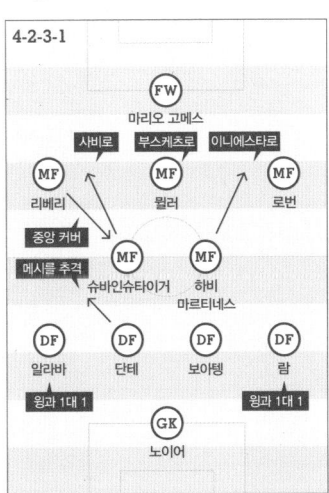

맨투맨 수비의 집대성

3관왕을 이루는 과정에서 가장 큰 고비였던 경기는 CL 준결승전이었던 바르셀로나전이었다. 중원에서 수적 우위를 만들어 점유 축구를 하는 바르셀로나에 대해 하인케스는 1대 1로 볼을 쫓아가 철저하게 수비하는 압박축구로 맞섰다. 메시의 컨디션이 좋지 않았던 바르셀로나는 바이에른의 철저한 맨투맨 수비를 뚫을 수 없었다. 시즌 내내 하인케스가 일관되게 구사했던 전원수비의 집대성이라 할 수 있는 경기였다. 오히려 몸집이 작은 선수가 많았던 바르셀로나를 상대로 코너킥과 역습으로 수월하게 득점에 성공했다. 상대의 강점을 철저하게 봉쇄하고 약점을 파고든 바이에른이 두 경기 합 7-0으로 압승했다.

> **Point!**
> 토니 크로스는 부상으로 이탈했지만 부상이 잦았던 로벤이 복귀함으로써 결과적으로는 바르셀로나에 대한 이상적인 전력이 갖추어졌다.

현대 축구는 과거보다 더욱
'진정한 유닛'을 원한다.

팀에 엄격한 규율을 심은
이례적인 자수성가형 감독

요아힘 뢰브

Joachim Löw

≫ 감독이 되기까지의 경력 · 배경 · 인물상

1995년 35세로 현역 은퇴를 하고 바로 슈투트가르트의 코치로 취임, 감독으로 승진했다. 클럽에 타이틀을 안겨줬으나 운영진의 사정으로 1998년도에 해임됐다. 그 후 여러 클럽을 전전하다가 2004년도에 독일 국가대표팀 헤드코치로 취임했고, 클린스만 밑에서 전술 트레이닝을 맡으며 자국에서 개최된 2006년도 월드컵에서 3위의 성적을 올렸다. 그 뒤로 독일 대표감독직을 이어받으면서 2014년도 월드컵에서 드디어 우승을 이뤘다. 보통 유명선수출신이 감독을 맡는 독일 국가대표팀에서 무명선수 출신인 그가 감독직을 맡은 것은 이례적인 경우로, 이른바 밑바닥부터 올라온 자수성가형 감독이라 할 수 있다. 규율을 중시하는 스타일로 한 번의 규칙위반은 용서하나 두 번 용서는 없다. 심리학, 데이터 분석 등 활용할 수 있는 자원은 모두 쓴다.

≫ 명승부

우승을 달성한 2014년 월드컵에서 독일 국가대표팀은 현대축구의 표본과도 같은 '진정한 유닛축구'의 면모를 보여줬다. 악조건이었던 브라질 땅에서 전술 하나만으로 싸워내기란 매우 어려운 일이다. 강한 압박, 후퇴, 점유, 역습, 세트피스 등 독일은 상대 팀이 바뀔 때마다 멤버와 전술을 바꾸면서 유연한 전략으로 대응했다. 브라질과의 준결승전에서는 개최국을 상대로 전반에만 5골을 터트리며 7-1로 압승했다. 무자비할 만큼 강한 면모를 보인 독일팀은 축구왕국에 커다란 충격을 안겼고, 지금도 이 경기는 "미네이랑의 비극"으로 회자된다.

🛈 육성한 스타선수

필립 람 / 뢰브가 '키워냈다'기보다는 '전우'와 같은 존재라고 할 수 있다. 2004년부터 10년의 세월을 동고동락했다. 2010년, 2014년 주장을 맡으면서 뢰브의 팀 구축에 일조했다.

미로슬라프 클로제 / 규율을 중시하는 뢰브는 규칙을 어기는 스트라이커를 가차 없이 방출했다. 품행이 단정하기로 소문난 클로제는 항상 에이스로 군림했고, 월드컵 통산 16점이라는 대기록을 달성해냈다.

☀ 천적 및 라이벌

델 보스케 / 개인적으로 라이벌 관계는 아니다. 뢰브가 이끄는 독일팀의 진격을 두 번이나 격퇴한 나라가 바로 스페인이었다. 2008년의 유럽축구선수권 결승전에서는 루이스 아라고네스에게, 2010년 월드컵에서는 준결승전에서 델 보스케에게 무릎을 꿇었다.

체사레 프란델리 / 이탈리아도 독일이 어려워하는 팀 중 하나다. 2006년 월드컵 준결승전에서는 리피에게, 2012년 유럽선수권 준결승전에서는 프란델리에게 패했다. 2014년 독일의 우승이 가능했던 이유는 스페인과 이탈리아, 이 두 나라와 붙지 않았기 때문이라는 설도 있다.

Formation Case 01 | 독일 국가대표팀(2010)

≫ Basic Formation

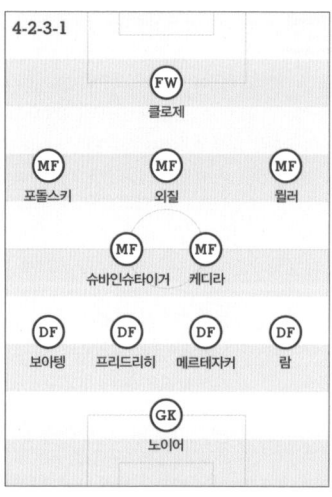

고갈된 왼쪽 사이드백

재능이 뛰어난 선수들로 구성된 독일 국가대표팀의 유일한 약점은 바로 왼쪽 사이드백이다. 왼발잡이 선수가 절대적으로 부족하기도 할뿐더러, 독일에서는 득점과 연결되는 FW와 GK와 같은 포지션이 압도적으로 인기가 많아 사이드백 선수가 부족하기 때문이다. 2010년 월드컵에서는 이 포지션에 장신과 스피드를 겸비한 '오른발잡이' 보아텡을 배치했다. 이는 공격에서는 불리한 면이 있다. 그러나 왼발잡이인 포돌스키를 왼쪽 사이드하프에 배치하면서 오른쪽 사이드는 뮐러가 안으로 들어가면 람이 올라가는 식의 매끄러운 연결을, 왼쪽 사이드는 포돌스키가 깔끔하게 종방향을 노리는 공격으로 좌우 밸런스를 만들어냈다.

포메이션	[4-2-3-1]
프리 키커	슈바인슈타이거, 외질
빌드 업	쇼트카운터
주공격	측면공격
수비영역 DF area의 고저	높음

≫ Special Formation

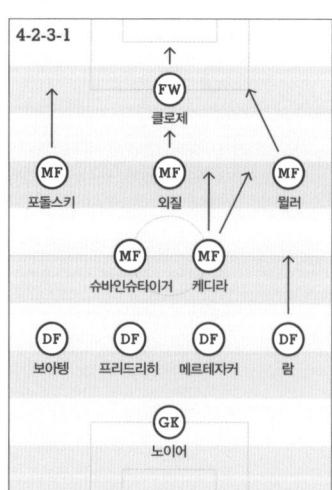

상대를 집어삼키는 압박축구

이 팀의 가장 강력한 무기는 압박과 쇼트카운터다. 독일은 세계 최강의 체력과 스피드를 자랑하며 높은 라인에서 차례로 공격하면서 볼을 뺏는다. 이러한 강점이 가장 두드러진 경기가 8강에서 맞붙은 아르헨티나전이었다. 심한 압박으로 아르헨티나의 실수를 유도하여 최전방 선수들인 메시, 테베스, 이과인을 고립시켜 4-0으로 압도적인 승리를 거두었다. 게임템포가 비교적 느린 팀을 빠른 게임스피드로 압도하는 것이 가능해, 일반적으로 뢰브가 이끄는 독일 국가대표팀은 남미 국가대표팀들에 강한 면모를 보인다.

> **Point!**
> 화려한 기술은 없으나 강철체력을 지닌 케디라의 몸싸움은 공수 모든 면에서 팀의 심장과도 같은 임무를 완수했다.

요아힘 뢰브

Formation Case 02 | 독일 국가대표팀(2014)

≫ Basic Formation

유연한 경기가 가능한 완벽한 독일팀

왼쪽 사이드백의 문제점은 여전하지만 4년 전과 비교할 때 큰 차이점은 경기에 맞추어 유연하게 멤버와 포지션에 변화를 준 점이다. 조별리그에서는 뮐러나 외질을 제로톱으로 기용하여 넓은 범위에서 뛰게 해 전방의 유동성을 높였다. 동시에 중원 밑에서 뛰던 람이 오른쪽 사이드백으로 돌아와 측면공격을 주로 하는 밸런스 중시의 전술을 취했다. 슈퍼서브인 쉬를레도 결승전에서 도움을 기록했다. 그야말로 집대성이라는 말이 어울릴 독일 국가대표팀의 완벽한 모습이었다.

포메이션	[4-3-3], [4-2-3-1]
프리 키커	람, 외질
빌드 업	쇼트카운터, 점유
주공격	측면공격, 스루패스, 세트피스
수비영역 DF area의 고저	기본적으로 높은 위치

≫ Special Formation

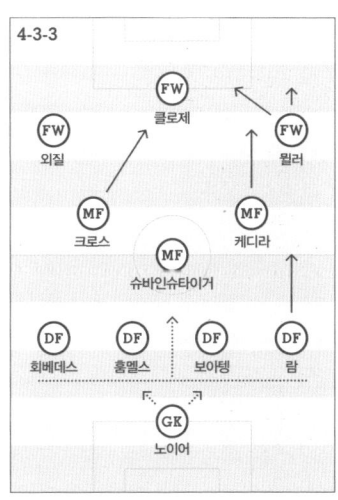

'미네이랑의 비극'을 만들어낸 전매특허 기술

점유를 중시한 알제리전, 밸런스를 중시한 프랑스전 등 대전하는 팀에 따라 유연하게 맞선 독일은 준결승전에서 만난 브라질전에서는 주특기 전술로 대응했다. 4년 전 아르헨티나전과 마찬가지로 높은 라인에서 압박하면서 상대 팀의 공수를 깨뜨려 단숨에 브라질을 삼켜버렸다. 그리고 빼앗은 볼을, 라인을 높게 올린 브라질 사이드백의 뒷편으로 넘겨 주로 오른쪽 측면부터 역습했다. 브라질의 볼란테는 공간을 메우는 움직임이 느렸기에 후방으로 넘기는 크로스가 큰 효력을 발휘했다. 세트피스 또한 이 경기를 비롯한 많은 경기에서 주요 득점원이 되었다.

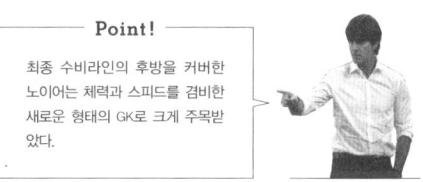

> **Point!**
> 최종 수비라인의 후방을 커버한 노이어는 체력과 스피드를 겸비한 새로운 형태의 GK로 크게 주목받았다.

나는 포르투갈인이다.
역사상 모든 포르투갈인들이 그랬던 것처럼,
나 또한 모험을 즐긴다.

유일무이한 정신력에서 나오는
마르지 않는 승부욕

조세 무리뉴

José Mourinho

≫ 감독이 되기까지의 경력 · 배경 · 인물상

프로선수생활을 거치지 않고 처음부터 지도자 경험을 쌓은 무리뉴는 지휘하는 팀을 세계 정상에 올려놓는 선구자적 감독이다. 1군에서 보비 롭슨의 통역사로 일했고, 바르셀로나 등에서 그 수완을 발휘했다. 그 후 판 할의 어시스턴트 코치를 역임했다. 2000년 벤피카 감독으로 취임하면서 처음으로 지휘봉을 잡았다. 2002년에 스카웃된 포르투에서 두각을 나타내며 2003-04 시즌 CL 우승이라는 쾌거를 이뤘고 곧바로 세계무대에서 활약, 공적을 쌓아나갔다. 격정적이고 강한 승부욕의 소유자로 유명하다. 이러한 개성 때문에 많은 스타선수들이 그를 따르지만, 이러한 성격은 동시에 팀이 분열되는 요소로도 작용한다.

≫ 명승부

CL 우승 과정에서 가장 큰 분기점이 된 것은 결승 토너먼트 1차전에서 맞붙은 맨체스터 유나이티드전이었다. 원정골 우선규정에 의해 탈락 직전까지 내몰렸던 2차전에서 포르투는 종료 직전 코스티냐의 골로 극적인 승리를 거두었다. 2003-04 시즌은 전반적인 빅 클럽들의 부진으로 인해 절대강자가 없었다. 레알은 델 보스케가 퇴임한 후 맞이한 암흑시대 초기였고, 유벤투스 또한 리피 체제가 종착역으로 치닫고 있었다. 바르셀로나는 출전권조차 따지 못한 상황이었다. 결승 토너먼트에는 낯선 클럽들이 이름을 올렸고, 포르투 또한 그중 하나였다. 여세를 몰아 무리뉴는 리옹, 데포르티보, 모나코를 차례로 물리치고 CL 학극상을 완수해냈다.

🛈 육성한 스타선수

디디에 드로그바 / 무리뉴가 첼시에 취임하면서 곧장 마르세유에서 스카웃해왔다. 체력뿐 아니라 기술면에서도 큰 성장을 이루면서 세계적인 스트라이커로 이름을 널리 알렸다. 무리뉴를 아버지라 부르며 따른다.

존 테리 / 첼시 취임 직후 무리뉴는 주장으로 테리를 지명해, 램파드와 함께 팀의 견인 역할을 맡겼다. 이후 두 선수는 블루즈의 심벌로 활약하면서, 첼시는 맨체스터 유나이티드와 아스널의 2강 체제를 깨는 존재가 되었다.

✴ 천적 및 라이벌

펩 과르디올라 / 선수와 통역사로 친분을 쌓았던 바르셀로나 때와는 정반대로 레알 감독이 된 무리뉴는 걸핏하면 과르디올라를 맹비난하며 흔들어댔다. 그러나 결과적으로 자신의 품격을 떨어뜨리면서 스스로 무덤을 파는 격이 되었다.

아르센 벵거 / 앙숙지간인 두 사람의 설전은 지금도 멈출 기미가 없다. 무리뉴는 벵거에 대해 깔보는 듯한 태도로 도발적인 발언을 서슴지 않는다.

Formation Case 01 | 인터 밀란(2009-10)

≫ Basic Formation

4-2-3-1

좌우 밸런스를 중시한 배치

인터 밀란은 2009-10 시즌에 세리에 A와 코파 이탈리아, CL의 3관왕을 달성했다. 디에고 밀리토의 공간 확보와 에토의 돌파력을 사령탑 스네이더르가 자로 잰 듯 정확한 패스로 조율해냈다. 초반에는 다이아몬드형인 4-4-2를 채택했으나 시즌 중반부터 사이드를 넓게 커버하는 4-2-3-1로 수비를 재구축했다. 상대 팀의 공격적인 사이드백에 대해서는 양쪽 사이드하프가 대인방어로 라인을 내리며 틈새를 허용하지 않았다. 바르셀로나에서 이적해온 에토도 몸싸움에 적극 가담했다. 이 전략은 무리뉴 팀이 승리하는 데 있어 결정적인 계기로 작용했다.

포메이션	[4-2-3-1] [4-4-2]
프리 키커	스네이더르
빌드 업	쇼트패스 + 롱패스를 효율적으로 활용
주공격	역습과 측면공격
수비영역(DF area)의 고저	낮지만 기회가 생기면 적극적으로 전진

≫ Special Formation

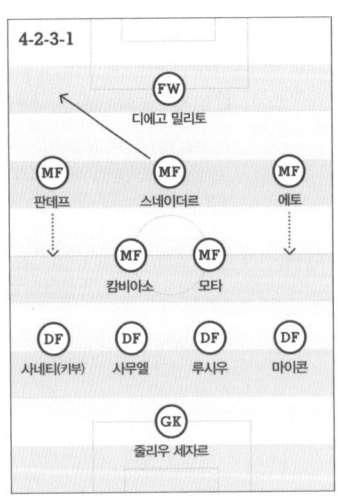

4-2-3-1

전략적 역습으로 격침하다

무리뉴에게 있어서 두 번째인 CL 제패를 달성하는 과정에서 최대 난관은 준결승전에서 만난 바르셀로나였다. 즐라탄과 메시를 마크하면서 동시에 패스 공급원인 사비를 봉쇄했다. 상대가 외곽에서 크로스해오는 것은 허용하되, 다니엘 알베스가 올라가면서 생긴 공간으로 스네이더르가 파고드는 고속 역습을 시도했다. 화산 분화로 인해 14시간을 버스로 이동해야 했던 바르셀로나는 컨디션 또한 최악이었다. 게다가 무리뉴는 홈 구장에다 물을 뿌리지 않고 규정 길이 내에서 최대한으로 잔디를 자라게 했다. 상대의 패스를 전술과 물리적 환경의 양면에서 완벽하게 제압했다.

─── Point! ───
처음 사이드에 발로텔리를 배치했지만 효과가 없자, 겨울 이적시장에서 공수가 모두 가능한 판데프를 영입하면서 3관왕으로 가는 열쇠를 차지했다.

Formation Case 02 | 레알 마드리드(2010-11)

∨ Basic Formation

폭발적인 득점력을 자랑하는 초호화 멤버

기본 포진은 4-2-3-1이다. 에이스인 호날두를 그의 주 포지션인 왼쪽 사이드에서 뛰게 하고, 그 파트너이자 패서인 외질을 공격형 미드필더 자리에, 오른쪽 사이드에는 드리블돌파와 헌신적인 수비가 모두 가능한 디 마리아를 배치했다. 호날두의 수비가 소홀할 때 생기는 공간은 사비 알론소가 들어가 메웠다. 세계 최고 수준의 기술과 스피드를 자랑하는 역습은 넘치는 박진감과 폭발적인 득점력을 만들어낸다. 빌드 업의 중심은 알론소였는데, 사비가 상대 팀에게 봉쇄당하면 단번에 흐름이 막히는 경향이 있었다.

포메이션	[4-2-3-1] [4-1-4-1]
프리 키커	호날두, 사비 알론소
빌드 업	사비 알론소와 외질의 종방향 라인 중심
주공격	역습, 측면공격, 스루패스
수비영역DF area의 고저	낮게 유지하여 역습 공간을 확보함

∨ Special Formation

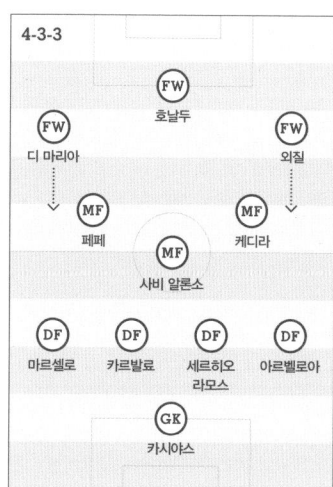

바르셀로나에 대한 철저한 대비책

1시즌 동안 5번이나 맞붙었던 바르셀로나와의 엘 클라시코 1차전은 난타전 끝에 0-5로 완패했다. 2차전부터 무리뉴가 구사한 전략은 메시에 대한 대비책으로 중원을 두텁게 하는 포진이었다. 페페가 메시를 철저하게 막아내면서 유일하게 국왕컵 결승전에서는 연장전 돌입 끝에 1-0으로 가까스로 승리를 거두었다. 그러나 볼처리에서의 파울이 누적되면서 페페가 퇴장하는 경기가 생기기도 했다. 또한 평소대로 호날두를 왼쪽 사이드에 배치하면 다니엘 알베스가 수비에 가담하지 않는 에이스의 측면을 공략할 우려가 있었다. 그래서 호날두를 원톱으로 세우게 나, 디 마리아와 바꾸어 오른쪽 사이드로 이동시키는 등 여러 가지 수를 강구했다.

— **Point!** —
볼처리에서 파울이 누적되는 점 때문에 다음 시즌의 후반기에는 이 진형을 포기하고 외질의 수비 개선과 더불어 본래 포진으로 싸웠다.

> 나는 강한 선수, 이른바 승자를 좋아한다.
> 승자는 열심히 일하는 습관이 몸에 배 있다.
> 한평생 계속 열심히 일하는 것이다.

철저한 분석을 바탕으로 한 압박 전술
토너먼트에서 발군의 강력함을 발휘하다

라파엘 베니테스
Rafael Benitez

≫ 감독이 되기까지의 경력·배경·인물상

레알 마드리드 B팀에서 선수생활을 시작했고, 하부리그에서 뛰었다. 1986년 26세라는 조금 이른 나이에 은퇴하면서 지도자로 경력을 쌓기 시작했다. 2001년에 취임한 발렌시아에서 두각을 나타내며 2004년에는 영전한 리버풀에서 CL 우승을 달성했다. 전술은 수비부터 들어가는 경우가 많으며, 압박을 가하는 순서를 선수들에게 자세히 지시한다. 경기 중에는 벤치에서 메모하면서 지휘를 하고, 선수와의 의사소통을 코치나 주장에게 맡기는 경우가 많다. 전형적인 전술파 감독이라 할 수 있다. 첼시, 나폴리를 거쳐 2015-16 시즌에는 염원하던 레알 마드리드 감독으로 취임했으나, 기대 이하의 경기력 및 선수단과의 소통 실패가 이어지며 경질됐다.

≫ 명승부

리버풀 취임 첫해인 2004-05 시즌의 CL 결승, 0-3으로 지고 있던 후반전 6분 동안 3골을 넣으며 따라잡고 승부차기 끝에 AC 밀란을 격파한 "이스탄불의 기적"은 지금도 역사적 위업으로 팬들에게 기억되고 있다. 2004-05 시즌은 물론, AC 밀란에 결승전에서 설욕당한 2년 후의 시즌도 리버풀은 결코 우승후보로 지목되는 팀이 아니었다. 베니테스는 토너먼트와 같이 한판 승부에 강한 면모를 보이는 감독으로 알려져 있다. 리그를 제패한 것은 발렌시아 시절의 두 시즌에 불과하다. 이는 그의 전술적 특징에서 비롯된 것이라 할 수 있다. 시합 전의 스카우팅(다른 팀의 플레이를 정찰하는 것 - 옮긴이)으로 상대 팀의 전력을 낱낱이 해부해 강점을 완벽하게 봉쇄해내는 수비 구축에는 뛰어나지만, 이에 비해 공격으로 상대 팀을 압도해야 하는 리그전에는 약한 경향이 있다.

❶ 육성한 스타선수

루이스 가르시아 / 베니테스가 좋은 성적을 거둔 2000-01 시즌 테네리페에서 그의 지도를 받으며 16골이라는 고득점을 올렸다. 2004-05 시즌 베니테스가 리버풀로 이적할 때 함께 옮기면서 이스탄불의 기적을 일으킨 일원이 되었다.

사비 알론소 / 레알 소시에다드에서 전 세계로 이름을 알리면서 많은 클럽들로부터 러브콜을 받았다. 그러나 발렌시아에서 유명해진 베니테스에게 지도받기를 희망해, 2004-05 시즌부터 리버풀로 이적했다. 그리고 첫해에 CL을 제패했다.

✹ 천적 및 라이벌

조세 무리뉴 / 각각 리버풀과 첼시 감독으로 설전을 벌였다. 무리뉴는 "나는 매년 많은 타이틀에 도전하지만, 베니테스는 CL에만 도전하니 정말 속이 편할 것"이라며 시합 전 베니테스를 무시하는 발언을 서슴지 않았다.

알렉스 퍼거슨 / 리버풀은 2008-09 시즌 중반까지 수위를 유지하며 염원의 리그 제패를 노렸으나, 맨체스터 유나이티드와의 우승 경쟁에서 결국 2위로 밀려나고 말았다. 치열한 경쟁 속에서 두 사람의 말로 인한 심리전 역시 과열되었다.

Formation Case 01 | 리버풀(2004-05)

≫ Basic Formation

4-2-3-1

압박+쇼트카운터

프로그래밍된 압박 순서에 따라 상대 팀의 점유를 파괴시켜 쇼트카운터로 몰고 가는 것이 베니테스의 기본 전술이다. 이 때문에 몸싸움이 가능한 선수를 1선에 배치했다. 신임 외국인 감독은 자신의 스타일을 팀에 정착시키기 위해 자국 선수나 제자를 데리고 함께 이적하는 경우가 많은데, 베니테스도 예외는 아니었다. 전술이 해도가 높고 1선이라면 어디서나 뛸 수 있는 루이스 가르시아, 중원에서 사이드체인지에 의한 전개를 특기로 하는 사비 알론소는 스페인과 잉글랜드의 가교역할을 한 중요한 선수들이었다.

포메이션	[4-2-3-1] [4-3-3] [4-4-2]
프리 키커	제라드, 사비 알론소
빌드 업	쇼트카운터
주공격	측면공격
수비영역DF area의 고저	높음

≫ Special Formation

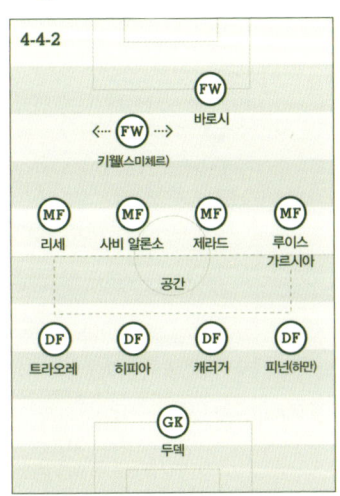

4-4-2

병이 되고 약이 된 기책奇策

CL 결승전에서는 하만을 벤치에 앉히고, 키웰을 세컨드톱에 배치시키는 4-4-2를 채택했다. AC 밀란의 공격기점인 피를로를 봉쇄해 점유를 무너트리려는 작전을 시도했지만, 오히려 볼을 뺏기면서 역습을 당하는 흐름이 전개되었다. 하만을 기용하지 않아 발생한 중앙의 공간 때문에 카카에게 드리블을 허용, 0-3으로 점수가 크게 벌어졌다. 기책이 역으로 병이 돼버린 것이다. 그러나 하프타임에 피난을 빼고 하만을 투입하면서 포메이션을 3-6-1로 바꾸었다. 시즌 중 한 번도 사용하지 않았던 스리백으로 기어를 올린 것이 광란의 공격으로 이어지면서, 연이어 3골을 득점했다. 실패한 기책을 또 다른 기책으로 만회한 것이다.

Point!
키 플레이어였던 키웰이 전반 23분 부상교체된 것도 전반전 전술이 효과를 내지 못한 큰 요인으로 작용했다.

Formation Case 02 | 레알 마드리드(2015-16)

≫ Basic Formation

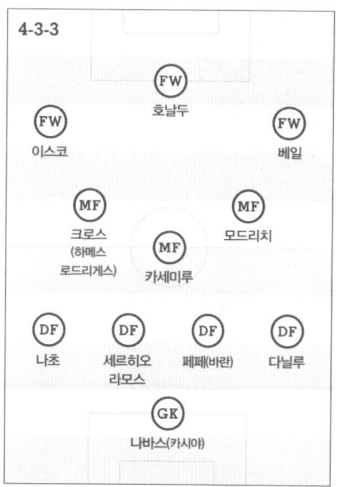

4-3-3

수비위주 전술에 대한 비난 쇄도

무리뉴의 고민거리였고 안첼로티도 전술적인 처방을 내렸던, 호날두의 고질적인 수비에 대해 베니테스는 그를 원톱으로 기용함으로써 문제를 해결했다. 그런데 호날두의 뛰어난 공격력이 묻히게 되자, 비록 실점은 줄었지만 그의 멋진 플레이를 보기 원했던 팬이나 언론들로부터 지나치게 수비위주라는 비난을 받았다. 또한 스타선수들로부터도 지지를 받지 못했다. 이들은 베니테스에게 '10번'이라는 별명을 붙이면서, 선수 때는 별 실적을 내지 못한 감독이 자신들에게 귀가 따갑도록 지시를 내린다며 비꼬았다. 리버풀 이후로 베니테스는 이렇다 할 실적을 내지 못하고 있다.

포메이션	[4-2-3] [4-3-3]
프리 키커	호날두
빌드 업	역습, 점유
주공격	측면공격, 중거리 슈팅
수비영역(DF area)의 고저	약간 낮음

≫ Special Formation

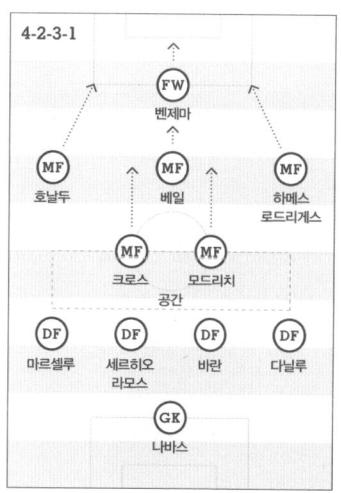

4-2-3-1

우승 걸린 중요 승부에서 기책을 쓰는 경향이 강하다

바르셀로나와의 전통 더비인 엘 클라시코는 단순히 승점 3이 아닌 그 이상의 의미를 지닌다. 타이틀을 차지해도 클라시코에서 패가 더 많으면 그 감독은 좋은 평가를 받지 못한다. 중요한 일전에서 베니테스는 십중팔구 기책을 쓰는 경향이 강하다. 그때까지 수비요원으로 기용했던 카세미루를 빼고, 협박사건으로 조사를 받고 있던 벤제마를 전격 복귀시키면서 스타선수들을 대거 앞세워 높은 라인에서 강하게 압박을 가하는 전술을 채택했다. 그러나 이 강한 압박은 팀을 앞뒤로 분리시키는 결과를 낳아버렸고, 넓은 공간을 바르셀로나에 허용하면서 0-4로 대패하고 말았다.

---- Point! ----
스타선수들은 세세하게 지시받는 것을 싫어한다. 안첼로티나 델 보스케는 스타선수에 대한 지시는 최소한으로 억제했다.

> 볼이 구르기 시작하면
> 절대강자나 왕자 같은 건 없다.
> 다만 우승을 노리는
> 32개의 팀이 있을 뿐이다.

확고한 결의로 규율을 강조하는
바르샤 전술의 전도사

루이스 엔리케
Luis Enrique

›› 감독이 되기까지의 경력 · 배경 · 인물상

레알 마드리드와 바르셀로나, 두 팀에서 뛰었으며 2004년에 은퇴했다. 마라톤, 서핑 등을 하면서 잠시 축구에서 멀어졌으나 2008년 과르디올라가 1군에 취임하면서 공석이 된 바르셀로나 B팀에서 지도자 생활을 시작했다. 로마와 셀타를 거쳐 2014년부터 바르셀로나 1군을 지휘하고 있다. 규율에 엄한 다혈질의 성격으로, 직접 선수들과 몸으로 부딪히며 의사소통한다. 2015년에 컨디션 악화로 선발에서 제외된 메시가 꾀병을 이유로 훈련을 빠지자 그를 엄벌로 다스리려 했으나 팀의 와해를 우려한 이니에스타와 사비, 부스케츠가 필사적으로 감독을 말렸다는 일화가 있다.

›› 명승부

우승을 거머쥔 2014-15 CL의 준결승전은 과르디올라가 이끄는 바이에른 뮌헨과의 대결이었다. 바르샤 철학을 기반으로 하는 신구 지휘관의 흥미로운 일전이었다. 같은 스타팅 멤버로 두 시합 연속 경기를 하는 경우가 거의 없는 과르디올라에 비해, 루이스 엔리케는 거의 고정적인 멤버에 의한 콤비네이션을 중시하는 면이 크게 달랐다. 또한 올 코트 맨투맨 등 경기 상황에 따라 현란하게 전술을 바꾸는 과르디올라에 비해, 엔리케는 최소한의 전술 변화만을 시도했다. 첫 대결은 점유율에서 바이에른이 우위를 점했으나, 바르셀로나의 역습을 바탕으로 메시의 대활약을 앞세워 3-0으로 압승했다. 결국 두 경기 합산 5-3으로 바르셀로나가 결승에 진출했다.

🛈 육성한 스타선수

놀리토 / 셀타에서 활약하는 FW. 바르셀로나 B팀 시절, 루이스 엔리케로부터 4년 동안 지도받았다. 축구선수로서 갖춰야 할 올바른 자세와 태도에 대해 가르쳐준 엔리케를 늘 존경한다.

세르지 로베르토 / 루이스 엔리케가 지휘한 바르셀로나 B팀에서 좋은 성적을 냈다. 엔리케는 아들처럼 애지중지하는 제자를 2015-16 시즌에 1군에서 사이드백을 비롯한 여러 포지션에 기용했다.

✱ 천적 및 라이벌

펩 과르디올라 / 현역시절 함께 바르셀로나에서 뛴 전우와 같은 사이. 감독대 감독으로 만난 CL의 직접 대결에서는 루이스 엔리케가 승리했다. 그러나 엔리케는 황금시대를 구축한 과르디올라와 늘 비교당하며 좀처럼 높게 평가받지 못하고 있다.

Formation Case 01 | 로마(2011-12)

≫ Basic Formation

4-3-3

바르샤 철학을 주입하려 했으나…

변혁을 원하던 로마가 새로운 스타일을 창조해낼 구원자로 초빙한 감독이 바르셀로나 B팀에서 실적을 낸 루이스 엔리케였다. '가짜 9번false 9'으로 토티를 지명하고, 중원장악을 기반으로 하는 바르샤 철학을 주입했다. 그러나 팀원 모두가 유소년 때부터 점유에 대한 기본을 철저하게 배우는 원조 바르샤 팀과는 달리, 로마 팀에서는 적응에 힘들어하는 선수들이 속출했다. 토티 또한 메시와 달리 개인으로 돌파하는 타입이 아니었다. 강력한 윙어와 엮어주면 패서로서 실력을 발휘하지만, 초반에는 이런 인재를 찾을 수 없었다. 또한 나이 어린 선수들을 중심으로 라커룸에서의 싸움이 끊이지 않는 등 많은 문제들로 인해 그의 변혁은 1시즌으로 좌절되었다.

포메이션	[4-3-3]
프리 키커	토티, 데 로시
빌드 업	점유, 사이드체인지
주공격	중앙돌파, 낮은 크로스
수비영역DF area의 고저	높음. 재빨리 볼을 빼앗음

≫ Special Formation

4-3-3

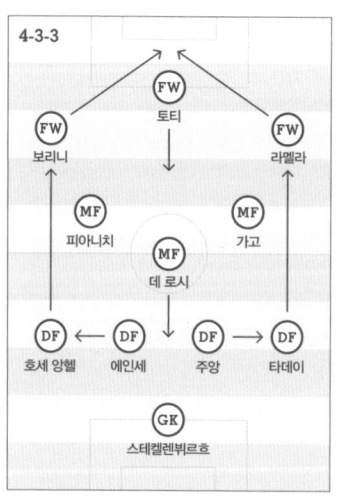

3-4-3으로 변형하는 공격

바르셀로나와 바이에른에서도 보였던 형태로 공격 시 앵커인 데 로시가 최종수비라인으로 내려가, 두 센터백 사이로 들어가면서 스리백으로 변형된다. 동시에 양쪽 사이드백은 높은 라인으로 올라가고, 양쪽 윙이 커버한다. 이 수순으로 인한 장점은 첫 번째로 빌드 업 기점이 안정된다는 것이다. 센터백 2명보다는 3명으로 1명을 더 늘리면 상대 FW의 압박에 대해 볼을 빼내어 종패스가 수월해진다. 두 번째로는 양쪽 사이드백이 피치 폭을 활용하면서 동시에 종패스를 받는 선수를 중앙으로 모으는 게 가능해진다는 것이다.

--- Point! ---

루이스 엔리케는 많은 선수들에게 포지션의 변환을 지시했는데, 이에 적응하는 선수와 반발하는 선수, 두 분류로 나뉘었다.

Formation Case 02 | 바르셀로나 (2014-15)

≫ Basic Formation

MSN의 강력 스리톱을 활용한 포진

중원장악이라는 바르샤 철학에는 변함이 없으나, 네이마르와 수아레스를 영입함에 따라 개인 기량을 기반으로 한 4-3-3을 구축했다. 과르디올라 시절의 양쪽 윙은 메시의 헬퍼가 되어 철저하게 팀 플레이에만 전념했지만, 루이스 엔리케는 개인 기량이 뛰어난 3명의 선수를 1선에 동시에 기용했다. 이 스리톱은 각 선수의 이니셜에 따라 "MSN"이라 불렸다. 조직적인 강력압박은 덜했지만 그 대신 수비 블록을 낮게 깔았다. 볼을 뺏으면 3명의 능력을 활용해 공격하는 강력한 역습이 새로운 무기가 되었다.

포메이션	[4-3-3]
프리 키커	메시
빌드 업	점유, 역습
주공격	중앙돌파, 드리블, 원투
수비영역DF area의 고저	높은 편이지만 수비 블록을 치기도 함

≫ Special Formation

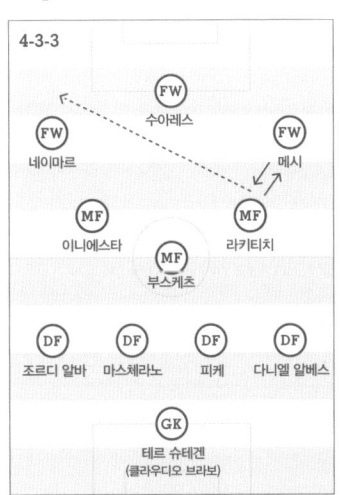

개인 기량의 조합이 열쇠

MSN의 연계 플레이를 작동시키는 데 있어서 찬스메이커인 메시가 매우 중요한 역할을 담당했다. CL 결승의 유벤투스전에서도 오른쪽 사이드에서 왼발로 볼을 잡고, 반대 사이드의 네이마르에게 볼을 보냈던 고속 사이드체인지가 선제골의 기점이 되었다. 또한 오른쪽 사이드를 종종 비우는 메시를 오른쪽 메인 사이드하프에 들어간 라키티치가 효과적으로 지원했다. 메시가 공수에 가담하는 라 비우는 오른쪽 사이드를 메웠고, 동시에 라인을 내려서 수비 블록을 만들 때는 강력한 대인방어능력도 발휘했다. 사비와는 또 다른 라키티치의 개성이 이 팀을 완성시켰다.

Point!

개인 기량의 조합을 중요하게 여기는 루이스 엔리케는 사비를 투입할 때는 거의 대부분 이니에스타와 교체했다.

나는 확신한다.
축구선수는 볼이 잘 돌고 있다는
확신만 있으면 24시간 내내
지치지 않고 계속 뛸 수 있다는 것을.

심술일체心術一體의 볼 철학은
무의미한 점유에 있지 않다

펩 과르디올라
Josep Guardiola

≫ 감독이 되기까지의 경력 · 배경 · 인물상

예술과 패션 등 다양한 분야에 관심이 많은 과르디올라는 특히 축구에 있어서는 어느 누구보다도 강한 탐구심을 갖는다. 바르셀로나 B팀에서 크루이프에게 재능을 인정받은 그는 테크닉과 지성을 활용하는 축구를 철저하게 배우면서, 그 자신 또한 "왜? 왜 그렇게 되는 걸까?" 하는 끊임없는 탐구심으로 축구에 깊이 파고들었다. 무리뉴와 자주 비교되며 그때마다 냉정하고 지적인 과르디올라의 캐릭터가 강조되곤 하지만, 그의 실제 성격은 매우 열정적이다. 감독 중에는 선수들과의 관계에서 한 발짝 뒤로 물러서는 이도 있지만 과르디올라는 선수들과 친밀하게 소통하는 것을 좋아한다. 축구감독으로 이룬 수많은 위업을 넘어서 그는 카탈루냐의 상징적인 존재가 되었다.

≫ 명승부

바르셀로나에 취임한 첫해인 2008-09 시즌의 CL에 이어, 2010-11 시즌에도 CL을 제패했다. 결승전에서 만난 상대는 두 번 다 맨체스터 유나이티드였다. 프랜차이즈 스타였던 피케를 다시 불러들이고, 부스케츠를 B팀에서 승격시킨 것을 제외하면, 2008-09 시즌은 레이카르트 시절과 큰 차이는 없었다. 그러나 2010-11 시즌은 메시의 "가짜 9번" 기용 등 과르디올라의 개성이 표현되었다. 같은 시즌에 열린 무리뉴가 이끄는 레알 마드리드와의 엘 클라시코에서도 5-0으로 압승하면서, 전 세계에 바르샤 붐을 일으켰다. 1990년대 자신도 선수로 소속되었던 크루이프가 이끈 '드림팀의 재래'라 평가받았다.

ℹ 육성한 스타선수

리오넬 메시 / 육성보다는 '발굴'했다고 하는 것이 옳은 표현이다. 윙 드리블러의 인상이 강했던 메시에게 중앙에서 플레이하는 가짜 9번의 포지션을 제공했다. 메시 안에 잠자고 있던, 경기를 결정짓는 능력을 계발시켰다.

세르히오 부스케츠 / 바르샤 B팀의 제자를 1군 감독 취임과 동시에 승격시켜 팀 중심으로 투입했다. 체력이 우수한 선수는 아니었으나, 기술과 상황 판단력이 뛰어난 부스케츠를 일류 선수로 인정한 것이다.

✳ 천적 및 라이벌

조세 무리뉴 / 과르디올라가 선수 시절에 무리뉴는 판 할 밑에서 통역 겸 코치를 맡았다. 그러나 서로 감독으로 만나게 되면서 둘 사이의 우정은 무너지고 말았다. 잇단 비난도 견딘 과르디올라였지만, 결국 마지막에는 기자회견에서 "무리뉴에게 배울 것은 하나도 없다."며 속내를 내보였다.

알렉스 퍼거슨 / CL 결승에서 두 번이나 패배를 안긴 적장 과르디올라를 퍼거슨은 후계자로 지목했다. "다른 클럽의 오퍼를 승낙하기 전에 꼭 전화를 달라."고 부탁했으나 과르디올라는 2013년 바이에른 취임을 결정했다.

Formation Case 01 | 바르셀로나(2010-11)

≫ Basic Formation

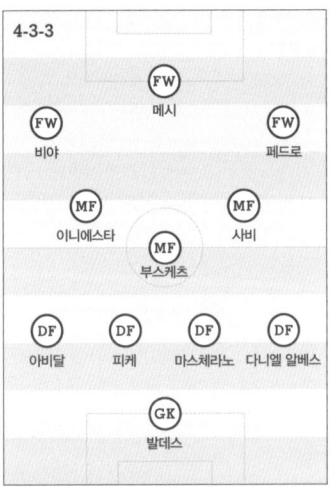

4-3-3의 이점이란?

4-3-3은 바르셀로나의 전통 포메이션이다. 이 포메이션의 이점은 각 포지션에서 방사상 여러 방향으로의 패스코스가 열려있고, 점 유지향적인 팀에 적합한 형태라는 점이다. 물론 점유율을 높이는 것이 과르디올라의 목표는 아니다. 중원에서 패스를 돌리고 포지션의 균형을 정돈하면서 경기를 지배하는 것이 그의 목표이며, 점유는 단지 그 수단에 불과하다. 공수의 핵심은 '피보테'라 불리는 중원 밑의 포지션이다. 부스케츠는 원터치로 심플하게 볼을 배급하고, 수비 시 상대 팀의 역습 기회를 원천봉쇄하는 이상적인 선수다.

포메이션	[4-3-3] [3-4-3]
프리 키커	사비
빌드 업	점유
주공격	스루패스 등 중앙돌파와 낮은 크로스
수비영역 DF area의 고저	높음. 재빠르게 볼을 빼앗음

≫ Special Formation

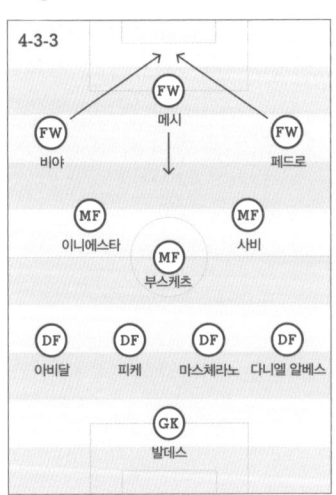

"가짜 9번"의 메커니즘

과르디올라는 오른쪽 윙어였던 메시를 중앙으로 이동시키면서 "여기야말로 네가 빛날 수 있는 포지션"이라고 말했다. 그러나 일반적인 센터 FW와 같이 상대 센터백에 달라붙는 것이 아니라, 중원으로 내려가 상대 볼란테의 배후나 옆 공간에서 종패스를 넘겨 받는 임무였다. 이때 핵심은 두 윙어다. 상대 센터백이 메시를 중원으로 추격해올 경우, 재빨리 페드로나 비야가 빈 공간을 향해 양쪽 윙에서 대각선 방향으로 침투해 들어간다. 이 두 윙어가 제대로 작동되면 메시가 주변 공간을 확보하기가 수월해진다. 메시의 실력을 최대한으로 발휘하게 만드는 시스템이었다.

— Point! —

기술과 지성의 표본으로 존경받는 사비와 이니에스타는 바르셀로나 유스 시스템이 키워낸 대표적인 선수들이다.

Formation Case 02 | 바이에른 뮌헨(2014-15)

⌵ Basic Formation

선수의 개성을 파악하여 스타일을 재구성

중앙에서의 플레이가 특기였던 메시 같은 선수는 비록 없지만, 이 클럽에는 장신이면서 동시에 골 결정력이 있는 원톱과 세계적인 두 사이드 공격수 '로베리(로번+리베리)'가 군림한다. 과르디올라는 당초 가짜 9번을 이용한 중앙돌파를 구상했으나 선수들의 개성에 맞지 않는다고 판단, 자신의 계획을 고집하지 않고 공격진에 맞춰 측면공격과 크로스를 도입했다. 또한 부상자가 속출하는 앵커를 "내가 아는 한 가장 지적인 선수"라고 격찬한 람으로 대체했는데, 이것이 제대로 적중했다. 중앙 점유에 대한 집착은 남아있으나 선수가 마음 편하게 플레이하는 것을 중시했다.

포메이션	[4-3-3]
프리 키커	로번, 크로스
빌드 업	점유
주공격	측면공격
수비영역DF area의 고저	높음. 공수 전환으로 재빨리 볼 탈취

⌵ Special Formation

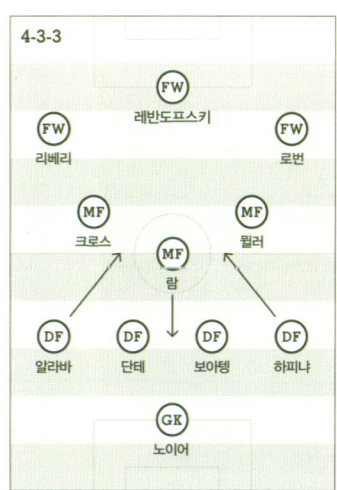

"가짜 2번"과 "가짜 3번"

초반의 바이에른은 좀처럼 바르셀로나와 같은 점유를 하지 못했다. 센터백에서 사이드백으로, 다시 센터백으로 볼이 돌아왔다. 상대의 수비 블록 밖에서 'U자'를 그리듯이 패스를 주고받을 뿐 종패스를 넣지 못했다. 그래서 과르디올라가 고안해낸 것이 공격 시 두 사이드백을 중원에 넣는 가짜 2번과 3번이었다. 중원을 두껍게 해 패스코스를 늘려 리베리와 로번의 공격시도를 지원했다. 또한 볼을 빼앗기면 높은 라인에서 바로 둘러쌌다. 공수일체의 전술이 빛을 발했다.

> **Point!**
> 빌드 업은 람이 최종라인으로 내려가면서 스리백으로 변형했다. 상대 FW의 압박에 대해 종패스의 기점이 안정되었다.

내가 감독 중에서 No.1이라고?
말도 안 된다.
나는 단지 No.1 팀의 감독일 뿐이다.

승리로 이끄는 밸런스
실전파로 이름을 날리는 명장의 긍지

마르첼로 리피
Marcello Lippi

≫ 감독이 되기까지의 경력·배경·인물상

UC 삼프도리아에서 수비를 맡았으며 1982년에 은퇴했다. 지도자로 지방 클럽을 전전하며 묵묵히 경력을 쌓았다. 1994년 취임한 유벤투스에서 11명 전원이 공격적 압박에 가담하며 경기를 압도하는, 유벤투스에 어울리는 근면축구를 안착시키면서 평가가 급상승했다. 규율에 엄격한 지휘관이다. 전원 수비축구에 어울리지 않는 바지오와의 불화로 '판타지스타(fantasista, 이탈리아어로 축구실력이 예술의 경지에 이르러 관객을 홀리는 선수에게 칭해지는 말-옮긴이) 혐오자'라는 비판도 들었으나, 결코 개인의 실력을 무시한 것은 아니었다. 팀 수비를 기본 전제로 하면서 개인 역량을 발휘할 수 있는 공격적인 선수를 중용했다. 델 피에로나 네드베드가 가장 대표적이라 할 수 있다.

≫ 명승부

1994-99과 2001-04의 두 시기에 걸쳐 유벤투스의 황금기를 이끌어내면서 CL 결승전을 4번 치렀다. 그 후 2004년부터는 대표팀으로 무대를 옮겨 이탈리아 국가대표팀 감독으로 취임했다. 2006년 독일 월드컵에서는 축구 역사상 가장 큰 승부조작 사건 중 하나인 '칼치오폴리 스캔들'로 흔들리는 와중에도 4강에서 독일을 격파하고, 프랑스와의 결승전까지 진출했다. 지단의 PK로 선제골을 허용하면서도 CK로 마테라치가 동점포를 터뜨렸고, 이후 프랑스에 밀리는 양상을 보이나 시난이 박치기로 퇴장당하면서 다행히 1-1로 승부차기까지 몰고 갔다. 5명 모두가 PK를 성공시킨 이탈리아가 우승하면서 리피는 CL과 월드컵 모두를 제패한 사상 최초의 감독이 되었다.

🛈 육성한 스타선수

알레산드로 델 피에로 / 리피가 발롱도르 수상자인 바지오를 벤치로 돌리고 대신 발탁한 선수가 당시 신인이던 델 피에로였다. 그러나 1998년 큰 부상을 당하고 팀 성적이 부진하자 시즌 도중 리피가 해임되기도 했다.

안토니오 콘테 / 유벤투스의 중원을 든든히 받쳤던 애제자는 2005년부터 지도자의 길을 걷고 있다. 2011년부터 맡게 된 옛 둥지 유벤투스에서는 스승으로부터 물려받은 하드워크를 기반으로 한 스타일을 도입해 한 시대를 구축했다.

✺ 천적 및 라이벌

안토니오 카사노 / 뛰어난 FW. 그러나 태만한 사생활과 감독이나 클럽을 향한 폭언으로 늘 문제를 일으키는 트러블메이커. 도나도니나 프란델리가 이탈리아 국가대표팀 감독을 맡았을 때는 소집되었으나, 리피가 감독일 때는 한 번도 소집되지 않았다.

크리스티안 파누치 / 카펠로와는 사제관계를 구축했지만, 리피와는 궁합이 맞지 않아 전술이나 기용을 둘러싸고 언쟁이 끊이지 않았다. 파누치는 다른 감독이나 선수들과도 트러블이 잦았는데, 리피는 이런 성향의 선수를 철저하게 배제한다.

Formation Case 01 | 유벤투스(1995-98)

⌄ Basic Formation

축구에서 중요한 것은 밸런스

아리고 사키가 구상해낸 4-4-2 존 프레싱으로부터 영향을 받았으나, 리피는 그대로 모방하지 않고 선수 개성에 맞게 4-3-3으로 변형했다. 사키의 4-4-2는 공격력이 있는 사이드하프와 사이드백이 중심이었으나, 유벤투스는 데샹과 콘테, 파울로 소사 등 중앙의 하드워커 층이 두터웠다. 그리고 1선에는 개인마다 특기가 다른 FW들이 모여있었다. 리피는 축구에서 가장 중요한 것은 밸런스라고 강조한다. 시스템보다는 선수에게 적합한 포메이션을 모색하는 것이 리피 스타일이다.

포메이션	[4-3-3] [4-4-2] [3-4-1-2]
프리 키커	델 피에로
빌드 업	재빠른 종패스
주공격	역습, 스루패스
수비영역DF area의 고저	높음

⌄ Special Formation

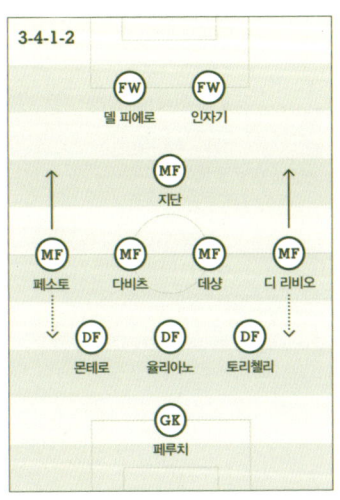

팀의 방향성을 크게 바꾼 지단의 영입

사이드를 넓게 커버하고 높은 라인에서 강력한 압박을 시도하는 리피의 전술목표에서 자신에게 볼이 오기를 원하는 고전적인 10번의 공격형 미드필더는 불필요한 포지션이었다. 그래서 바지오를 대기선수로 돌렸는데, 1996-97 시즌에 지단을 영입하면서 그 방침을 바꾸게 되었다. 당초에는 지단을 4-3-3 시스템의 MF로 기용했으나 잘 기능하지 않자 "지단은 지단으로 쓰는 수밖에 없다."며 다시 공격형 미드필더 포지션을 부활시켰다. 당시 세리에 A에서 유행하던 스리백을 도입해, 중원의 조직적 압박과 함께 공존시켰다. 실전파인 리피는 선수에게 있어 최적의 배치가 무엇인지 늘 모색했다.

— Point! —
리피에게 가르침을 받은 콘테, 데샹, 파울로 소사, 페라라 등 많은 선수들이 현재 감독으로 활약하고 있다.

Formation Case 02 | 이탈리아 대표(2006)

⋙ Basic Formation

4-3-1-2

피를로와 토티를 지원하는 포진

공격 중심인 피를로와 토티를 운동량이 많은 페로타와 데 로시(가투소)가 공수 전반으로 지원하는 시스템이다. 공격이 항상 피를로를 경유하도록 구상했기 때문에 그의 수비부담을 줄여주는 사이드하프의 기능이 관건이었다. 밸런스가 잡힌 리피다운 수비가 장점으로, 대회 7경기 동안 허용한 실점은 7골에 불과했다. 4강 독일전, 결승 프랑스전은 CK로 득점하는 등 세트피스로도 활로를 만들어냈다. 토티는 부상에서 회복된 지 얼마 되지 않아 최상의 컨디션은 아니었으나, 슈퍼서브인 델 피에로와 함께 공격에 활력을 불어넣었다.

포메이션	[4-3-1-2] [4-4-1-1]
프리 키커	피를로, 토티, 그로소
빌드 업	피를로를 경유하는 점유
주공격	측면공격, 세트피스
수비영역DF area의 고저	다소 낮음

⋙ Special Formation

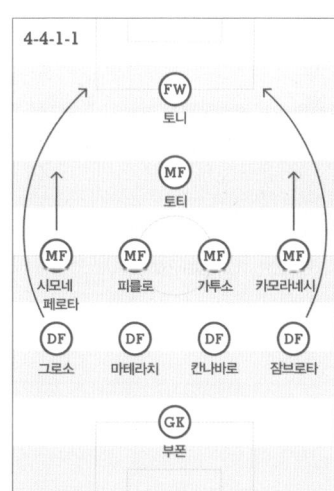

4-4-1-1

결승 토너먼트를 위한 전술로 전환

8강의 우크라이나전부터 토티를 1.5열에 배치하는 4-4-1-1로 변경했다. 대전 상대의 수준이 높아짐에 따라 사이드를 넓게 커버할 수 있는 4-4를 블록으로 깔고, 자기진영에서 볼을 빼앗는 방식이었다. 그리고 사이드백은 수비형인 자카르도에서 공격감각이 뛰어난 왼발잡이 그로소로 바꾸었다. 잠브로타를 오른쪽 사이드로 돌려서, 중원의 카모라네시와 페로타와 함께 측면공격을 활성화시켰다. 잠브로타는 우크라이나전에서, 그로소는 독일전에서 선제골을 넣었다. 안정된 지역방어와 측면공격이 결승 토너먼트의 관건이었다.

Point!
위기가 여러 차례 있었지만, 센터백 칸나바로와 GK 부폰이 결정적인 순간에 훌륭한 플레이를 펼쳐 고비를 넘길 수 있었다.

감독이 흔들리면
선수들은 이를 민감하게 알아차린다.

개인 능력을 살리면서 동시에 조직력을 최대로 구축
완벽한 밸런스를 창조해내는 전술가

카를로 안첼로티
Carlo Ancelotti

≫ 감독이 되기까지의 경력 · 배경 · 인물상

현역시절 로마와 AC 밀란에서 수비형 MF로서 여러 번 타이틀을 거머쥐었으며 1992년 은퇴했다. 감독으로는 2001년에 취임한 AC 밀란에서 두 번 CL 우승을 이루었고, 2013년에 취임한 레알 마드리드에서는 감독으로서 세 번째 CL 우승을 달성했다. 4개국에서 지휘봉을 잡는 등 국제경험 또한 풍부하다. 감독 초기에는 4-4-2 신봉자였으나, 나이가 들어감에 따라 점차 시스템에 대한 고집이 없어지면서 선수의 개성에 맞춰 유연하게 시스템을 구축했다. 온화한 성품과 신사적인 이미지로 레알 마드리드 재임 시 '이탈리아의 델 보스케'로 스페인 언론의 찬사를 받았다.

≫ 명승부

2006-07 시즌의 CL 결승은 2년 전 CL 결승에서 전반 3-0으로 앞선 경기를 후반에 따라잡혀 결국 승부차기로 패하고 말았던 "이스탄불 비극"의 상대, 숙적 리버풀과의 재대결이었다. 경기의 내용은 교착상태가 길어지면서 오히려 2년 전의 전반전이 훨씬 더 리버풀을 압도하던 상황이었다. 그러나 AC 밀란은 흔들림 없이 안정된 경기운영을 선보였고, 전반전 종료 직전 피를로의 FK가 인자기의 어깨에 맞으면서 행운의 골로 연결, 선취점을 올려 1-0으로 전반전이 끝났다. 그리고 후반 37분, 동점포를 노리며 앞으로 쏠려 있던 리버풀의 허를 찌르면서 카카의 패스를 받은 인자기가 추가로 골을 넣었다. 그 뒤로 1골을 내줬지만 잘 지켜내 2-1로 AC 밀란이 우승의 영광을 차지했다.

ⓘ 육성한 스타선수

카카 / 10번 타입의 사령탑이 플레이메이커로서 공격형 미드필더를 맡는 시스템이 점차 퇴색되어가던 시기, 스피드와 득점력을 겸비한 카카는 새 시대에 걸맞은 공격형 미드필더의 상을 제시했다. 안첼로티가 자주 기용했다.

안드레아 피를로 / 카카의 활약이 두드러지자 피를로는 공격형 미드필더에서 볼란테를 자청했고, 안첼로티는 이를 수락했다. 낮은 라인에서 경기를 만들어나가는 딥 라잉 플레이메이커로 새로운 경지를 개척해냈다.

✸ 천적 및 라이벌

라파엘 베니테스 / 두 번에 걸쳐 CL 결승에서 맞붙었다. 압박전술이 특기인 베니테스에게 팀의 안정성을 유린당하면서 고전을 면치 못했으나, 2006-07 시즌 결승에서는 승부에 모든 것을 걸고 준비한 결과 설욕하는 데 성공했다.

조세 무리뉴 / 2008-09 시즌, 각각 AC 밀란과 인터 밀란의 감독으로 치열하게 싸웠다. 그 후 안첼로티가 첼시로 부임하면서 무리뉴의 족적이 남은 팀을 이끌게 되었다. 이를 계기로 그를 깊이 이해하게 되면서, 이후 서로 존중하는 관계가 되었다.

Formation Case 01 | AC 밀란(2006-07)

≫ Basic Formation

시스템이 안정되는 크리스마스트리

"이스탄불 비극"을 경험했던 2004-05 시즌에는 셰브첸코와 크레스포를 투톱으로 기용하고 카카를 공격형 미드필더로 배치하는 4-3-1-2를 쓰는 경향이 강했다. 그러나 점차 '크리스마스트리형'으로 불리는 4-3-2-1로 방향을 바꾸었다. 'MF에는 가장 지능적인 선수들이 몰린다'는 것을 경험적으로 체득한 그는 투톱의 공격력을 줄이는 한이 있더라도 MF를 늘려 중원의 콤비네이션을 향상시킴으로써 경기의 안정적 지배를 추구했다. 3골 차를 따라잡힌 굴욕적인 경기운영에 대한 철저한 자아반성이었다.

포메이션	[4-3-2-1] [4-3-1-2] [4-4-2]
프리 키커	피를로
빌드 업	점유
주공격	스루패스, 측면공격, 낮은 크로스
수비영역(DF area)의 고저	다소 낮음

≫ Special Formation

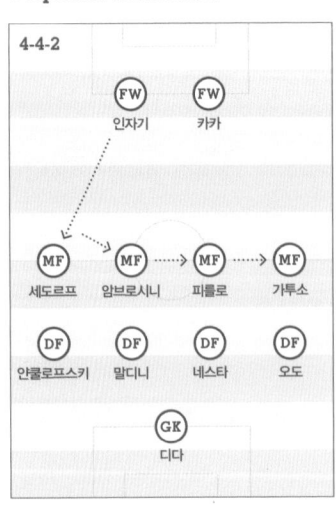

공수의 시스템 변화

안첼로티는 1994년 월드컵에서 이탈리아 국가대표팀을 이끌었던 아리고 사키 밑에서 코치를 맡으면서 그로부터 가르침을 받았다. 그는 FW와 MF, DF가 세 라인을 구축하는 4-4-2의 지역방어가 수비면에서 종방향 및 횡방향의 공간을 효율적으로 압박할 수 있는 최적의 진형이라고 믿고 있다. 그러나 이 진형은 공격에 있어 점유에 적합하지 않으며, 윙 타입의 드리블러 또한 활용하기 어렵다. 이러한 이유로 그는 각 선수의 개성이 훼손되지 않는 선에서 공격은 4-3-2-1, 수비는 4-4-2처럼 공수의 여러 상황에 맞게 선별해 사용하는 전술을 구상해냈다.

Point!

4-3-2-1은 수비를 개시할 때 상대 사이드백에 압박을 가하기가 어렵다. 4-4-2로의 변환은 이러한 문제를 해결한다.

Formation Case 02 | 레알 마드리드(2013-14)

≫ Basic Formation

개성을 살리는 윙형 시스템

세 번째 CL 우승을 달성해낸 포지션이다. 개성과 시스템을 높은 레벨에서 융합시키는 안첼로티의 수완과 스타선수들을 모으는 레알 마드리드의 클럽 지향성은 매우 이상적인 조합이라 할 수 있다. 호날두와 베일을 그들의 특기인 윙에 기용하는 4-3-3을 메인시스템으로 채택해 종방향으로의 빠른 스피드를 십분 활용했다. 또한 양쪽 윙 배치와 중앙 안정성이라는 두 마리 토끼를 모두 잡기 위해 공격형 미드필더를 배치하지 않고 세 명의 MF를 기용했다. 과거에는 윙을 배치하는 시스템을 기피하던 안첼로티였으나, 이러한 유연성이 바로 빅 클럽에서 성공할 수 있는 비결이었다.

포메이션	[4-3-3] [4-4-2]
프리 키커	호날두
빌드 업	종방향으로의 빠른 역습, 점유
주공격	측면공격, 스루패스
수비영역DF area의 고저	다소 낮음

≫ Special Formation

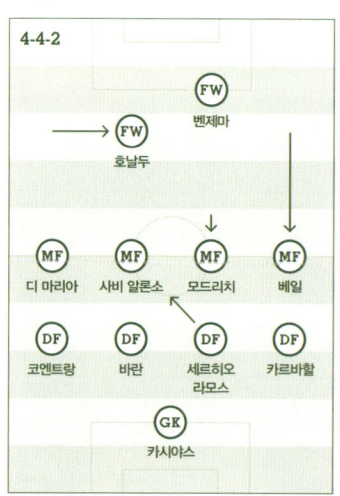

4-4-2 변화가 가져온 최고의 답안

수비 시 베일이 중원으로 내려가 4-4-2로 변형함으로써 AC 밀란 시절과 유사한 공수 시스템을 구축했다. 무리뉴는 수비를 하지 않는 호날두의 왼쪽 사이드가 항상 수비의 허점이 되어 이 스타선수를 어떻게 다루어야 할지 늘 고민했다. 팀 간의 실력 차가 크게 나는 경기라면 이 정도의 수비 구멍은 치명적이지 않다. 그러나 CL과 같은 큰 무대에서는 문제가 다르다. 안첼로티는 공수 시스템의 변화를 통해 호날두의 수비 부담을 줄임으로써 이 고질적인 문제를 쉽게 해결해냈다. 개성과 시스템을 융합하는 안첼로티의 수완이 빛난 찬눌이있다.

— Point! —
똑같은 스타선수라도 베일은 사이드백 경험이 있었고 레알 입단 1년 차였기 때문에 정력적으로 수비 임무를 수행해냈다.

> 집에서 온 그대로의 모습으로 있어라.
> 네 어머니가 변해버린 아들을 보면
> 분명 실망하실 테니.

꿈을 심어주어야 할 클럽에
걸맞은 전술을 추구하다

알렉스 퍼거슨
Alex Ferguson

≫ 감독이 되기까지의 경력 · 배경 · 인물상

맨체스터 유나이티드가 부진했던 1986년 감독으로 취임했다. "꿈의 극장"(맨유의 홈구장인 올드 트래포드Old Trafford를 일컫는 말 - 옮긴이))에 걸맞도록, 팀의 명성을 되찾기 위해서 해이해진 선수들의 기강을 바로잡고, 공격적인 축구 스타일을 지향했다. 선수와의 상하관계를 절대로 뒤집지 않았다는 점은 특기할 만하다. 개인 선수가 팀의 전권을 잡고 팀보다 높은 위치에 군림한다는 것은 절대로 있을 수 없었다. 개인적인 이기심도 절대로 용납하지 않았다. 유명 스타선수에게도 절대로 주도권을 허용하지 않았으며, 퍼거슨과 대립한 선수들은 결국 클럽을 떠나게 만들었다. 포지션 교체나 로테이션 기용에 실패해 선수들이 반기를 들었던 수많은 감독들과는 이러한 면에서 큰 차이가 있다.

≫ 명승부

물론 3관왕을 달성한 1998-99 CL 결승은 명승부임에 분명하나, 그의 클럽 철학이 극명하게 드러난 경기는 2010-11 CL 결승전이었다. 2008-09 결승전 이후 처음으로 우승을 놓고 바르셀로나와 맞붙게 된 경기로 2년 만의 설욕이 걸린 재대결이었다. 과르디올라 축구는 익히 알고 있었다. 제대로 난타전을 벌였다가는 상대에게 볼 소유를 내주고 패싱게임을 허용할 게 뻔했다. 그럼에도 퍼거슨은 수비 위주의 전술을 택하지 않고, 초반부터 공격적인 하이페이스로 임했다가, 결국 1-3으로 완패하고 만다. 팬과 해설자들은 그의 전술에 문제가 있었다고 의문을 던졌으나, 정작 본인은 "맨체스터 유나이티드가 수비 위주로 싸우는 것은 있을 수 없는 일"이라고 일축했다. 클럽이 취해야 할 자세에 대한 자신의 철학을 몸소 실천해보였다.

🛈 육성한 스타선수

게리 네빌 / 젊은 선수 육성을 중시했던 90년대에 긱스와 스콜스, 베컴과 함께 '퍼거슨의 아이들Fergie's Fledgling'로 불렸다. 로이 킨의 후임으로 2005년부터 6년간 주장을 맡았다.

데이비드 베컴 / 퍼거슨의 아이들 중 한 명. 그러나 빅토리아 애덤스와의 결혼 이후 퍼거슨과 사이가 급격히 나빠졌다. 축구선수가 연예인과 사귀거나 사교계에 데뷔하는 것을 퍼거슨이 탐탁지 않게 여겼기 때문이다.

✱ 천적 및 라이벌

아르센 벵거 / 프리미어리그인 아스널과 맨체스터 유나이티드에서 두 사람 모두 10년 넘게 장기집권하면서 설전을 벌였다. 벵거는 이에 대해 "이 또한 오락의 일부이며, 나는 이런 심리전을 매우 즐긴다."라고 말했다.

조세 무리뉴 / 2003-04 시즌 CL에서 포르투를 이끌고 맨체스터 유나이티드를 격파했으며, 첼시 감독으로 또다시 프리미어리그에서 만났다. 훗날 서로의 실력을 인정하면서 은퇴 후 무리뉴를 후계자 중 한 명으로 지목하기도 했다.

Formation Case 01 | 맨체스터 유나이티드(1998-99)

⩔ Basic Formation

'캄프 누의 기적'으로 3관왕 달성

리그와 국내 컵, CL의 3관왕을 달성한 시즌으로, 특히 바이에른과 치른 CL 결승전은 지금도 회자되는 경기다. 로이 킨과 스콜스가 출장정지로 결정되면서 베컴을 볼란테, 긱스를 오른쪽 사이드로 이동시키는 고육지책으로 경기에 임했다. 그런데 공격이 기능하지 못하면서 0-1로 리드를 허용하는 어려운 국면을 맞이하게 된다. 그러나 후반에 쉐링엄과 솔샤르를 투입해 베컴과 긱스를 원래 포지션으로 되돌리자 분위기가 역전되면서 패색이 짙던 종료 직전 CK로 연달아 2골을 넣어 극적인 역전승을 거두었다. 이 명승부는 경기가 치러진 구장의 이름을 따서 "캄프 누의 기적"이라 불린다.

포메이션	[4-4-2]
프리 키커	베컴, 긱스
빌드 업	점유
주공격	측면공격, 크로스
수비영역DF area의 고저	낮음

⩔ Special Formation

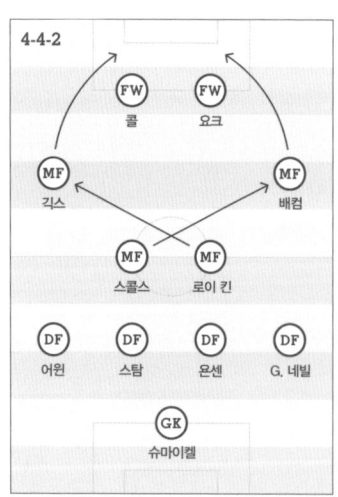

측면공격과 크로스를 중시

정확한 크로스가 장기인 오른발잡이 베컴이 오른쪽 사이드하프를, 드리블돌파가 무기인 왼발잡이 긱스가 왼쪽 사이드하프를 맡아 양쪽 측면을 공략했다. 투톱인 요크와 콜은 크로스를 골로 연결하며 마무리했다. 센터하프인 로이 킨과 스콜스는 롱패스로 사이드 체인지를 하는 능력이 뛰어나, 양쪽 사이드의 공격력을 살렸다. 뿐만 아니라 마무리에 있어서는 문전 가까이로 침투해 중거리 슛을 날리는 등 득점력까지 겸비했다. 각 선수의 개성을 살려내는 심플한 4-4-2 포메이션이었다.

— Point! —
팀의 완성도는 매우 높았으나, CL 결승 바이에른전과 같이 베스트 멤버가 결장하면 팀 전력이 급격히 하락했다.

알렉스 퍼거슨

Formation Case 02 | 맨체스터 유나이티드(2007-08)

≫ Basic Formation

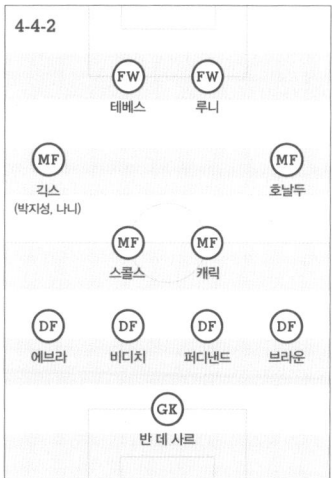

경이로운 종방향으로의 빠른 역습

측면공격이 중심인 스타일은 같으나, 투톱 구성이 과거와 달라졌다. 하이크로스에 맞추는 것이 아니라, 스피드와 기술이 뛰어난 루니와 테베스를 조합시킴으로써 낮은 크로스의 형태 혹은 종방향으로의 빠른 역습이 더욱 예리해졌다. 여기서 주목해야 할 선수가 호날두다. 2003년 젊은 측면 공격수로 영입됐으나, 초기에는 자기중심적인 드리블과 크로스가 눈에 띄고 팀에 별다른 도움이 되지 못했다. 그러나 드리블 커트인에 이은 슈팅과 CL 결승전에서도 선보였던 높은 라인에서의 헤딩능력을 발휘하면서 점차 골잡이로서의 능력을 꽃피웠다.

포메이션	[4-4-2]
프리 키커	호날두
빌드 업	종방향으로의 빠른 역습
주공격	저공 크로스, 콤비네이션
수비영역DF area의 고저	낮음

≫ Special Formation

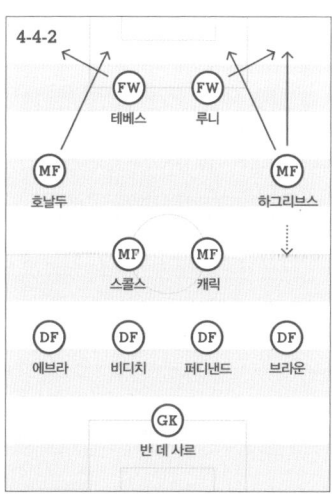

멀티플레이어의 가치를 증명

퍼거슨은 레귤러를 고정시키지 않고 로테이션시키는 지휘로 유명하다. 선수들의 컨디션을 관리하기가 쉽다는 점과 부상이나 출장정지로 선수가 빠지는 상황에 대비하기 수월하다는 점, 대전 상대에 따라 전술 변화를 줄 수 있다는 점을 이유로 들 수 있다. 이런 의미에서 후반전의 키 플레이어는 하그리브스였다. 비디치가 결장하면서 브라운이 센터백으로 들어간 경기에서는 오른쪽 사이드백을 맡았고, 첼시와의 CL 결승전에서는 오른쪽 사이드하프로서 공격적인 A. 콜을 맡았다. 상대를 동분서주하게 만드는 운동량을 발휘했다.

> **Point!**
> 하그리브스와 브라운, 안데르센, 오서 등 멀티플레이가 뛰어난 선수들을 활용하는 지도력이 탁월했다.

요한 크루이프
Johan Cruijff

칼럼
1

축구를 변화시킨 남자 점유전술이라는 새로운 가치관을 창출해내다

1974년 월드컵에서 화제의 중심은 크루이프를 중심으로 포지션이 현란하게 바뀌는 유동적인 축구로 팬들을 매료시킨 네덜란드 국가대표팀이었다. 그 스타일은 "토털 사커"라 칭송되었다.

그러나 결승에서는 개최국인 서독에 무릎을 꿇으며 준우승에 머물러야만 했다. 당시의 경기에 대해 훗날 크루이프는 이렇게 회고했다.

"1-2로 패하고 나는 망연자실했다. 그러나 몇 년 뒤 팬들이 기억하는 것은 경기에서 승리한 팀이 아니라, 패한 우리 팀이라는 사실을 알게 되었다. 그로부터 수십 년이 흐른 오늘날까지도 전 세계 축구팬들이 그때의 우리 플레이를 평가해주는 것에 대해 나는 영광스럽게 생각한다."

기록보다는 기억 속에 각인되는 것이 우승컵에 비견할 수 없을 만큼 큰 영광임에는 틀림없다.

그러나 아름다운 기억에도 단점은 있다. 흘러가는 시간과 함께 희미해진다는 것이다. 실적과 타이틀은 퇴색되지 않고 유니폼에 새겨지지만, 아름다운 기억은 덧없는 세월 속으로 희미하게 사라지는 것이 세상 이치다.

그 이후 감독으로 전향한 크루이프는 기억 이상의 족적을 남겼다. 1980년대 이후로 세계 축구는 체력을 중시하는 방향으로 흘러갔다. 그러나 크루이프는 이에 대해 "축구는 육상경기가 아니다."라며 선을 긋고, 기술과 지능이 뛰어난 선수를 활용한 점유전술을 구축해냈다.

크루이프에게 있어서 수비란 상대에게 볼을 주지 않는 것을 말한다. 볼을 빼앗기지 않고 계속 돌릴 수만 있다면 실점할 가능성은 제로다. 크루이프의 점유축구는 이 이념을 기반으로 한다. 많이 뛰고 잘 싸우는 축구에다, 기술과 지성이라는 새로운 가치관을 심은 것이다. 신체조건이 뛰어나지 않더라도 세계 최강의 팀에서 뛸 수 있다. 크루이프의 제자인 과르디올라는 그에 대해 다음과 같이 말했다.

"크루이프는 축구의 기초를 세웠다. 이를 지키고 발전시켜 나가는 것은 우리의 사명이다."

2016년 3월 24일 68세로 영면한 요한 크루이프, 비록 기억과 기록은 사라지더라도 그의 영혼은 축구 안에 영원히 살아 숨 쉴 것이다.

유럽 축구감독 칼럼 1

위 / 경기를 보고 있는 감독시절의 크루이프 왼쪽 아래 / 그의 대명사인 등번호 14 오른쪽 아래 / 바르셀로나에서 수많은 전설을 만들었다.

Chapter 2
지장 智將

리피의 말을 빌자면, 명장은 단지 유명 팀의 감독에 불과하다.
훌륭한 능력의 소유자임에도 팀과의 궁합이나 전술 방향성 혹은 운 때문에
빅 타이틀과 연을 맺지 못한 감독들이 많다.
비록 1장에서 언급한 금세기의 명장 명단에는 오르지 못했으나
그 실력은 보증수표나 다름없는 14명의 지장을 소개한다.

Resourceful General

디에고 시메오네 Diego Simeone
페르난도 산토스 Fernando Santos
에르네스토 발베르데 Ernesto Valverde
우나이 에메리 Unai Emery
마누엘 페예그리니 Manuel Pellegrini
루시앙 파브르 Lucien Favre
파비오 카펠로 Fabio Capello
로베르토 만치니 Roberto Mancini
안토니오 콘테 Antonio Conte
클라우디오 라니에리 Claudio Ranieri
마시밀리아노 알레그리 Massimiliano Allegri
아르센 벵거 Arsène Wenger
디디에 데샹 Didier Deschamps
데이비드 모이스 David Moyes

스페인 2강을 두려움에 떨게 한
투쟁심과 하드워크

디에고 시메오네
Diego Simeone

≫ 감독이 되기까지의 경력 · 배경 · 인물상

아르헨티나 국가대표팀에서 중원 킬러로 활약했다. 2006년 현역에서 은퇴하면서 모국의 클럽 감독직을 역임, 2011년 12월부터 아틀레티코 마드리드에 부임했다. 바르셀로나의 과르디올라가 명성을 높였던 시기로 모든 이가 그의 축구 전술에 매료되어 있었다. 그러나 취임 첫날 시메오네가 선수들에게 전한 말은 "다른 전술로도 충분히 이길 수 있다."였다. 바르셀로나와 똑같은 전술로 맞선다면, 보다 우수한 동력을 가진 그들을 결코 이길 수 없다. 그러니 노력과 근면함으로 공간을 없애고, 상대의 타이어에 펑크를 내서 승리하자는 것이다. 개인 능력의 부족은 용서할 수 있지만, 최선을 다하지 않는 선수는 용서하지 않는다. '경기에서 경기까지'는 그의 축구철학이며, 모든 열정을 오로지 경기 안에서 완결시키는 것이 그의 목표다.

≫ 명승부

2013-14 시즌은 18년 만의 리그 우승을 달성해냈을 뿐만 아니라, CL에서 AC 밀란과 바르셀로나, 첼시 등 역대 챔피언을 차례로 격파하고 40년 만에 결승전에 진출했다. 결승은 레알 마드리드와의 마드리드 더비였다. 전반 36분 고딘의 골이 먼저 터지면서 우승까지 거의 일보직전이었으나, 후반 추가시간 UK로 세르히오 라모스에게 빼이픈 동점골를 허용해 연장전으로 넘어갔다. 일방적으로 몰리는 상황에서 피로가 누적된 아틀레티코도 열심히 막아냈으나, 결국 연장 후반에서 무너졌다. 통한의 3골을 연이어 허용하면서 1-4로 CL 우승을 놓치고 말았다. "이 경기는 눈물을 흘릴 만한 가치가 없다."고 시메오네가 평가했던, 그야말로 명승부였다.

🅘 육성한 스타선수

가비 / 아틀레티코의 프랜차이즈 선수. 정확한 기술로 팀을 컨트롤한다. 헤타페, 레알 사라고사를 거쳐 2011년 클럽으로 복귀했다. 안토니오 로페스가 나가면서 주장을 맡았다.

코케 / 아틀레티코의 프랜차이즈 선수. 정확한 기술과 풍부한 운동량을 무기로 중원의 모든 포지션을 소화해낸다. B팀에서 승격하면서 시메오네가 주전으로 발탁. 세트피스의 키커도 맡았다.

✱ 천적 및 라이벌

펩 과르디올라 / 두 사람이 격전을 벌인 기간은 1년 반으로 비교적 짧지만, "점유는 상대방을 편하게 만든다."는 시메오네에게 있어서 과르디올라와의 경기는 정면승부나 다름없었다. 정반대의 축구철학을 가졌지만, 서로를 존중한다.

조세 무리뉴 / 2013-14 시즌 CL 준결승에서는 첼시에 승리를 거두었다. 시메오네는 피치 안에서는 투쟁심을 노골적으로 드러내지만, 피치 밖에서는 신사적인 태도로 사람들을 대한다. 적이 많은 무리뉴이지만 시메오네와는 서로 존중하는 사이였다.

Formation Case 01 | 아틀레티코 마드리드 (2013-14)

∨ Basic Formation

강점은 철벽같은 지역방어

이 팀의 최대 강점은 1경기 평균 1실점에 그치는 철벽같은 지역방어였다. CL에서도 1경기 평균 0.5실점으로 결승까지 올라갔다. 기본 시스템은 4-4-2로 선수 간 거리를 균일하게 유지하며 10명의 콤팩트한 수비 블록이 상하좌우로 연동했다. 상대가 블록 안으로 패스해오는 순간을 절대 놓치지 않았다. 상대는 이것이 두려워 블록 밖에서만 볼을 돌리는 수밖에 없었다. 그러나 패스 돌리기는 아틀레티코 수비진에게 별 위협이 되지 못했다. 이런 상황을 두고 시메오네는 "점유는 상대를 편하게 만든다."고 표현했다.

포메이션	[4-4-2] [4-1-4-1]
프리 키커	코케, 가비
빌드 업	역습
주공격	스루패스, 크로스, 세트피스
수비영역DF area의 고저	다소 낮음

∨ Special Formation

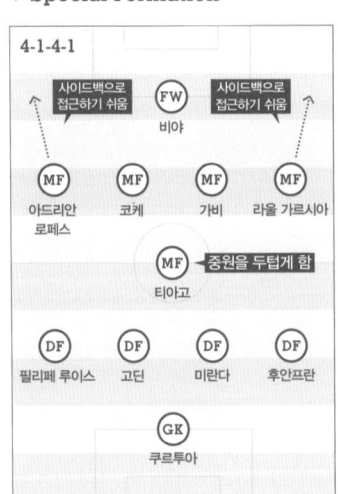

굴곡이 깊은 4-1-4-1과의 병용

4-4-2는 강력한 투톱을 1선에 남기면서, 동시에 상대가 디펜스라인에서 패스를 돌리다 실수하면 바로 높은 라인에서의 공격이 가능한 시스템이다. 그러나 CL 결승 레알전에서는 전반 36분에 선제골을 얻고 후반전부터 4-1-4-1로 변경했다. 공격에 더욱 박차를 가하는 레알에 대해 시메오네는 중원을 더욱 두텁게 하여 양쪽 사이드백에 빠르게 접근할 수 있는 폭을 만들어냈다. 수비를 중시할 때 사용하는 전술이었다. 그러나 FW가 1명 줄어들고 레알의 강한 점유에 밀리면서 피로가 누적되었고, 연장전까지는 그 효력을 발휘하지 못했다.

Point!

CL 결승에서는 근육파열부상으로 이탈한 지 얼마 안 된 디에고 코스타를 기용했다. 그러나 전반 9분에 퇴장하면서 교체카드가 줄어든 것이 큰 타격이 되었다.

Formation Case 02 | 아틀레티코 마드리드(2015-16)

≫ Basic Formation

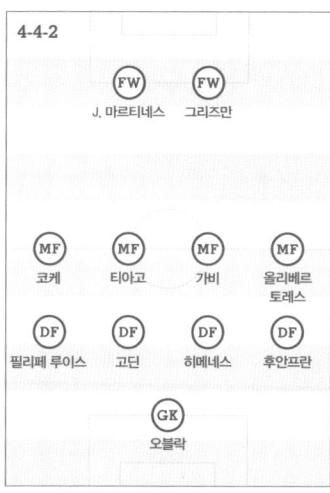

전력을 보강해 새로운 단계로

잭슨 마르티네스와 비에토, 코레아 등을 새로 영입하여 대대적인 전력 보강에 나선 아틀레티코는 시메오네의 지휘 아래 상위 성적을 유지하면서 새로운 단계로의 진화를 시도했다. 종전의 선수비 후역습 4-4-2와 윙을 배치하는 4-3-3의 두 시스템을 구분해 사용하면서, 예전보다 훨씬 공격적인 축구를 지향했다. 그러나 전술이해도가 낮았던 잭슨 마르티네스는 결국 광저우 에버그란데로 방출되었다. 이로 인해 초반기에 팀은 좀처럼 안정을 찾지 못했다. 시메오네와 클럽 모두에 있어서 새로운 단계로 도약하기 위한 도전이었다.

포메이션	[4-4-2] [4-3-3] [4-1-4-1]
프리 키커	코케, 그리즈만
빌드 업	역습, 점유
주공격	스루패스, 측면돌파, 세트피스
수비영역DF area의 고저	다소 낮음

≫ Special Formation

넓게 퍼져서 플레이하는 윙을 활용

4-4-2는 대부분의 공간이 비게 되므로 투톱이 움직여서 사이드에 기점을 만든다. 기본적으로는 역습 시스템이므로, 종방향으로 볼을 보낼 수 있는 활로가 적고, 수비로 돌아선 상대를 무너뜨리기 쉽지 않다. 이에 반해 4-3-3은 처음부터 양쪽 사이드에 윙 플레이어를 배치한다. 중원부터 전개하면서 그리즈만, 코레아, 카라스코가 1선을 향해 드리블로 공격을 시도한다. 이 시스템은 수비로 돌아선 상대를 무너뜨리기는 쉬우나, 4-4-2보다 넓게 퍼져서 공격을 시도하므로 수비로 전환할 때 공수 밸런스를 맞추기 힘들다는 단점이 있다. 이처럼 각 시스템에는 장단점이 있다.

> **Point!**
> 시메오네가 지휘봉을 잡고 난 뒤로 아틀렌티코는 태클과 파울 횟수가 급격히 늘어났다. 그의 축구철학을 엿볼 수 있는 대목이다.

경기에서 승리하기 위해서는
겸허한 마음가짐이 중요하다.

견고한 수비를 구축하고
상대를 존중하며 현실적으로 싸우다

페르난도 산토스
Fernando Santos

≫ 감독이 되기까지의 경력 · 배경 · 인물상

벤피카의 유스팀에서 자라 에스토릴에서 프로 데뷔했다. 그러나 반복되는 부상으로 33세의 나이에 현역에서 은퇴했다. 선수 생활을 하면서 리스본대학에서 전기통신 관련 학위도 취득했다. 1987년 3부 클럽의 감독으로 취임했고 클럽을 1부 리그로 승격시킨 수완을 인정받아 승진하면서, 1998년에는 강호 포르투, 그 뒤로도 스포르팅과 벤피카, 그리스 PAOK 테살로니키의 감독을 역임했다. 전술은 공격을 선호하는 한편 현실적으로 싸우려는 의식이 강하다. 그리스 대표를 이끌었던 2012년 유럽축구선수권대회 출전을 앞두고 "그리스에는 메시가 없다. 전술이 가장 중요하며, 기술은 그 다음 문제."라며 선발기준을 설명하고 상대의 축구를 봉쇄하는 수비적 역습전술을 선택했다.

≫ 명승부

처음으로 국가대표 감독을 맡았던 그리스 팀으로 2012년 유럽축구선수권대회, 2014 브라질 월드컵에 출전했다. 약체로 평가되던 팀으로 보란 듯이 조별리그를 돌파하는 위업을 달성해냈다. 두 대회 모두 각각 2차전과 1차전에서 패하고, 1무 1패로 3차전을 맞이했다. 유럽선수권에서는 러시아와 맞붙어서 1–0으로 승리하며 역전돌파, 브라질 월드컵에서도 종료 직전의 PK로 코트디부아르에 2–1로 승리하면서 극적인 역전돌파를 해냈다. 16강의 경우 2012년 유럽선수권대회는 독일에, 브라질 월드컵은 코스타리카에 패하며 탈락했다. 코스타리카전에서는 파워 플레이로 1–1 동점까지 따라잡고 승부차기로 몰고 가는 등 끝까지 상대를 물고 늘어지는 저력을 발휘했다.

❶ 육성한 스타선수

코스타스 미트로글루 / 기술과 스피드, 높이를 겸비한 스트라이커. 산토스는 많은 선수를 시험하던 중 2012년 유럽선수권대회 주전멤버로 그를 선발했다. 브라질 월드컵 지역 예선 플레이오프에서 루마니아를 상대로 3골을 터트리며 본선 진출에 크게 기여했다.

티아구 멘데스 / 산토스는 2014년 모국인 포르투갈 국가대표팀 감독으로 취임하면서 티아구, 카르발류 등 베테랑 선수들을 팀에 복귀시켰다. 2011년 국가대표 은퇴를 표명했던 티아구는 섣부른 은퇴선언을 후회하던 중 산토스의 소집령을 매우 반겼다고 한다.

✱ 천적 및 라이벌

오토 레하겔 / 2004년 기적을 일으켰던 독일인 감독의 위업을 그리스 국민들은 기억하고 있었다. 그러나 산토스는 현실을 직시해야 하며, 교만하지 말고 겸허한 마음을 가져야 한다고 선수들을 타일렀다.

Formation Case 01 | 그리스(2014)

∨ Basic Formation

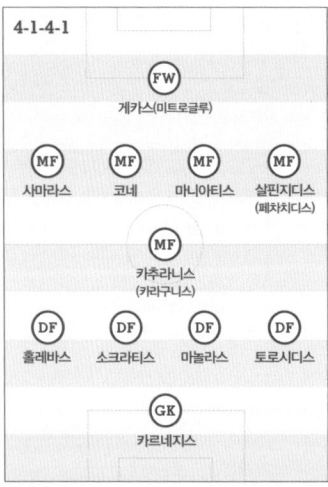

수비 기반으로 장점을 살려 득점

수비가 기본인 그리스의 시스템은 4-1-4-1. 코네와 마니아티스가 상대 볼란테를 압박하면서 자기진영의 높은 라인에서 볼을 탈취하여 역습을 노렸다. 공격의 메인은 크로스와 세트피스였다. 브라질 월드컵에 출전한 그리스 국가대표팀의 평균 신장은 32개국 중 3번째로 큰 184.2cm로 팀의 장점을 십분 활용해 싸웠다. 한편 그리스 선수의 평균 연령은 32개국 중 6번째로 높은 28.5세였다. 산토스는 그 후 취임한 포르투갈 국가대표팀에도 베테랑을 다시 소집하는 등 멤버를 선발할 때 경험을 중시하는 경향이 강하다.

포메이션	[4-1-4-1] [4-2-3-1]
프리 키커	카추라니스, 카라구니스
빌드 업	역습, 롱볼로 사이드 기점
주공격	크로스, 세트피스
수비영역DF area의 고저	다소 낮음

∨ Special Formation

퇴장에 따라 수비를 한층 더 견고하게

브라질 월드컵의 일본전은 전반 38분, 카추라니스가 옐로 카드 누적으로 퇴장당하면서 열세로 몰렸다. 일본은 공격형 미드필더인 혼다 게이스케가 폭넓게 움직이면서 앵커인 카추라니스를 봉쇄했고, 양 옆 공간을 공략했다. 그러나 그리스는 10명이 되면서 공격수인 페차치디스를 빼고 카라구니스를 투입하여 4-4-1로 변환, 2선의 4명이 콤팩트하게 중앙을 수비하면서 그때까지 일본이 효율적으로 활용했던 공간을 막아냈다. 연이어 올라오는 일본의 크로스는 장신 팀답게 때마다 걷어냈다. 불리한 조건 속에서도 대책을 세워 맞선 그리스가 0-0으로 승점 1점을 따냈다.

> **Point!**
> 카추라니스 퇴장 후에는 일본의 센터백에게 자유롭게 볼을 잡게 하고, 라인 전체를 내려서 대기하는 수비전술로 바꾸었다.

페르난도 산토스

Formation Case 02 | 포르투갈 국가대표팀(2016)

≫ Basic Formation

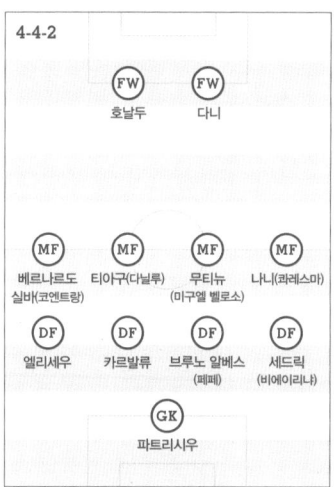

투톱의 기동성을 살리는 4-4-2

수비를 베이스로 하는 산토스답게 2016년 유럽축구선수권 예선을 수위로 통과한 포르투갈은 8경기 중 7승을 모두 1골차로 승리하면서 견고한 수비 실력을 선보였다. 기본 시스템은 4-4-2로, 기존의 포르투갈이 자주 사용했던 4-3-3에서 탈피한 모습이었다. 산토스는 "포르투갈은 더 이상 고전적인 4-3-3으로 플레이해선 안 된다. 우리에게는 골문을 등지고 볼을 차지할 만한 FW가 없기 때문이다. 순수한 의미에서 센터포워드라 부를 수 있는 선수는 포스티가가 마지막이었다."며 그 이유를 밝혔다. 원톱의 역부족보다는 투톱의 기동성을 살리는 시스템을 선택한 것이었다.

포메이션	[4-4-2]
프리 키커	호날두, 무티뉴
빌드 업	역습, 점유
주공격	측면공격, 스루패스, 콤비네이션
수비영역DF area의 고저	다소 낮음

≫ Special Formation

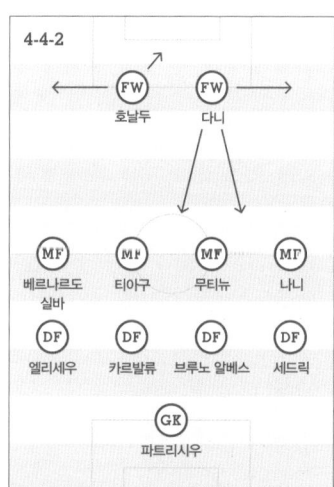

전술 "호날두"는 성공할까?

호날두가 선호하는 영역은 왼쪽 사이드지만, 산토스는 수비를 소홀히 하는 선수를 사이드에 배치하는 것을 싫어한다. 그래서 호날두를 투톱에 배치해 수비부담을 줄여주고 공격 시 왼쪽 사이드로 갈 수 있는 자유를 허락해 마음껏 플레이할 수 있도록 했다. 이 4-4-2는 원톱의 아쉬움과 수비에 소홀한 호날두의 고질적인 문제를 동시에 해결해냈다. "어떤 팀이든 호날두가 있으면 그에게 의지할 수밖에 없다."고 한 산토스의 말대로 전술의 중심에는 늘 호날두가 있었다. "그리스에는 메시가 없다."며 겸허한 자세로 팀을 만들어낸 산토스가 포르투갈에서는 호날두를 믿으며 전술을 완성시켰다.

---- Point! ----
결단력 있는 호날두와 플레이메이커 유형의 다니는 서로를 보완하는 이상적인 투톱 조합이었다.

원하는 결과를 얻기 위해서는
늘 경쟁을 선택해야 한다.

공격적인 투쟁심과 단결력
바스크의 혼을 팀에 담아내다

에르네스토 발베르데
Ernesto Valverde

≫ 감독이 되기까지의 경력 · 배경 · 인물상

현역 시절에는 주로 에스파뇰과 빌바오에서 FW로 뛰었다. 1997년 은퇴한 후에도 이 두 클럽에서 지도자로 실적을 쌓아갔다. 먼저 빌바오에서 유스와 B팀을 이끌면서 경험을 쌓다가 2003년부터 1군 감독으로 취임, 리그에서 한 자리 수의 순위를 유지했다. 2006년부터 에스파뇰을 지휘, UEFA컵 준우승으로 일약 유명해졌으나, 2009년 취임한 비야레알에서의 부진으로 다시 평가가 하락했다. 이때 일본 국가대표팀 취임 소식도 들렸으나 불발로 그쳤다. 그 후 2013년 옛 둥지인 빌바오로 8년 만에 복귀하자마자 리그 4위로 CL 출전권을 따내면서 옛 명성을 되찾았다.

≫ 명승부

아틀레틱 빌바오는 바스크 민족 선수의 순혈주의라는 보수적인 정책으로도 유명하다. 발베르데는 바스크 출신은 아니지만 어릴 때 바스크 지방으로 이주했기 때문에 입단 자격요건이 되었다. 현역 시절부터 오랫동안 빌바오에서 뛴 발베르데는 빌바오 특유의 바스크 민족 단결감과 투쟁심을 지닌 감독이다. 그래서 감독으로서 팀 선수들에게 투쟁하는 민족혼을 강조한다. 이것이 두드러지게 나타난 경기가 2015-16 시즌 개막 전에 열린 스페인 슈퍼컵이었다. 오프시즌에 느슨해진 최강 3관왕 바르셀로나와 맞붙은 빌바오는 압도적인 경기내용으로 5-1로 대승하며 클럽 31년 만에 우승을 거머쥐었다.

🛈 육성한 스타선수

아이메릭 라포르테 / 프랑스령 바스크에서 자라 빌바오 유스팀에 입단한 프랑스인으로 왼발잡이 센터백이다. 189cm의 장신과 발끝 기술을 겸비했다. 비엘사 시절의 빌바오에서 데뷔한 그를 발베르데는 부동의 주력선수로 기용했다.

이냐키 윌리엄스 / 빌바오에서 태어나 유스팀에서 자란, 클럽 사상 최초로 골을 터트린 흑인선수다. 2014년 발베르데 밑에서 데뷔했다. 리그 선수들 중에서 가장 빠르다.

✦ 천적 및 라이벌

루이스 엔리케 / 2014-15 시즌 스페인 국왕컵 결승에서는 바르셀로나에 1-3으로 패하면서 빌바오는 준우승에 그쳐야 했다. 그러나 바르셀로나가 리그까지 제패하면서 빌바오가 자동적으로 출전권을 얻게 된 다음 시즌의 슈퍼컵은 빌바오에 있어 설욕이 잘 이루어졌다.

마누엘 페예그리니 / 발베르데가 실패한 비야레알의 전임 감독은 유려한 점유를 지향하는 페예그리니였다. 그러나 너무 다른 전술의 차이를 극복하지 못하고 팀의 부진을 초래한 발베르데는 반년 만에 해임되었다.

Formation Case 01 | 에스파뇰(2006-07)

∨ Basic Formation

단단한 방어와 측면공격

발베르데가 만들어내는 팀은 중원에서의 강력한 압박으로 볼을 탈취하는 단단한 방어와 측면공격을 베이스로 한다. MF 출신 사발레타를 오른쪽 사이드백으로 기용, 운동량이 많은 하드워커인 루페테와 종방향의 콤비를 형성시켰다. 반대편의 왼쪽 사이드는 개인 돌파력이 뛰어난 왼발잡이 리에라를 배치했다. 필살의 스루패스가 특기인 데 라 페냐의 수비력 부족에는 눈을 감는 대신, 최종 수비라인까지 커버해내는 수비수 우르타도와 조합시킴으로써 중원의 밸런스를 유지했다. 각 포지션에서의 종횡 콤비가 서로의 장단점을 보완할 수 있도록 시스템을 고안했다.

포메이션	[4-4-2]
프리 키커	데 라 페냐
빌드 업	종방향으로의 빠른 역습, 스루패스
주공격	측면공격
수비영역 DF area의 고저	낮음

∨ Special Formation

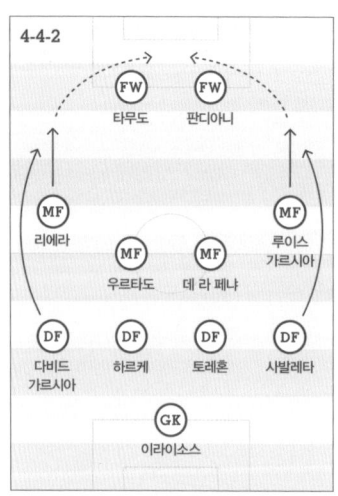

강력한 투톱에 의한 공격진형

리스크를 피하는 경향이 강한 발베르데의 팀은 리그전에서는 무승부가 늘어나 승점이 떨어지는 반면, 지면 안 되는 컵전에는 강한 면모를 보였다. UEFA컵 결승의 세비야전은 우르타도가 퇴장당하면서 10명으로 뛰어야 하는 불리한 상황에도 끈질기게 버텨내며 2-2로 승부차기까지 몰고 갔다. 그러나 아쉽게도 패하고 말았다. 승부수를 띠워야 할 때는 에이스인 타무도와 함께 체력과 공중전에 강한 판디아니로 강력한 투톱을 세웠고, 루이스 가르시아와 리에라를 윙에 배치했다. 수비부터 먼저 들어가는 팀이었기에 상대를 뚫어낼 옵션이 필요했다.

— Point! —
리그전과 양립이 어렵다고 판단한 발베르데는 당시 제2 GK였던 이라이소스를 UEFA컵에서 기용했다. 이들은 훗날 빌바오에서 다시 만났다.

Formation Case 02 | 빌바오(2014-15)

≫ Basic Formation

4-2-3-1

비엘사의 유산을 발베르데 식으로 수정

'킥 앤 러시\Kick & rush'의 바스크 축구에 발끝 기술과 콤비네이션을 도입한 비엘사의 후임으로 발베르데가 취임했다. 공격에서 발베르데가 수정한 부분은 무리한 중앙돌파가 아닌 심플한 측면돌파로부터의 크로스 공중전과 발끝 기술이 뛰어난 아두리스의 골 결정력을 활용하는 것이다. 공격형 미드필더인 데 마르코스를 오른쪽 사이드백으로 이동시켜 측면돌파력을 높이는 수법은 에스파뇰 시절과 같았다. 패서인 베냐트나 이투라스페와 하드워커인 미켈 리코를 중원에서 조합시키는 전형적인 방법도 일관되게 사용하면서 전반적으로 밸런스를 중시했다.

포메이션	[4-2-3-1]
프리 키커	베냐트, 라포르테
빌드 업	쇼트카운터
주공격	측면돌파에서 크로스
수비영역DF area의 고저	높음

≫ Special Formation

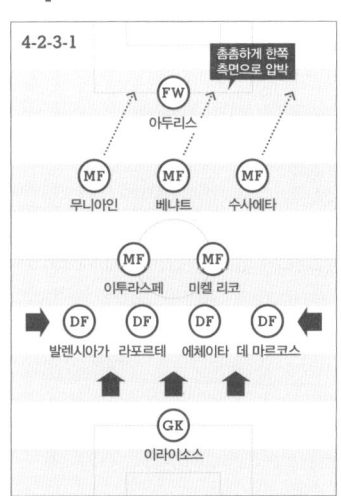

4-2-3-1

촘촘한 지역방어

수비에서 수정한 점은 촘촘한 지역방어를 바탕으로 전체가 한 덩어리로 높은 라인에서 압박을 가하는 것이다. 비엘사도 높은 라인에서 수비했으나 맨투맨이었기 때문에 상대를 쫓다가 자칫 자기 진영에 공간이 생길 위험이 있었다. 발베르데는 빈틈을 압축시켜 라인의 높낮이에 상관없이 전체가 콤팩트하게 움직이는 것을 중시했다. 단점으로는 불가피하게 반대편 사이드에 공간이 생기는 것이다. 이를 공략당하지 않으려면 압박의 강도가 매우 중요해진다. 라포르테와 아두리스, 데 마르코스 등의 몇 명만 빼고 나머지를 교체해 강도를 유지한 것이 이 전술의 핵심이었다.

Point!

빌바오 취임 전에 6개월 동안 지휘봉을 잡았던 발렌시아로부터 연임 제안을 받았으나, 불안정한 클럽운영을 이유로 거절했다.

프레센테(지금), 프레센테, 프레센테.
미래를 결정짓는 것은 프레센테이며,
나는 프레센테를 살고 있다.

자나 깨나 축구생각
꼼꼼한 분석으로 전술을 세우다

우나이 에메리
Unai Emery

≫ 감독이 되기까지의 경력 · 배경 · 인물상

자기 자신을 "축구병에 걸린 사나이"라고 표현하는 전술파 감독이다. 틈만 나면 늦은 밤까지 다른 팀의 영상을 보고 연구하면서 스펀지처럼 아이디어를 흡수한다. 꼼꼼한 분석으로 대전계획을 구축하는 능력이 뛰어나다. 때로는 스스로 제 무덤을 파기도 하지만, 제대로 적중하면 매우 강력한 힘을 발휘한다. 선수생활을 레알 소시에다드 B팀에서 시작하여 1군으로도 데뷔했으나 크게 활약하지는 못했다. 2004년부터 지도자의 길로 들어서면서 2008년 발렌시아 사상 최연소 감독으로 발탁되었다. 4시즌을 이끌고 러시아에서 잠시 감독생활을 한 후, 2013년 세비야 감독으로 취임했다. 바로 3년 연속으로 EL(유로파 리그)을 제패하는 등 그 수완에 타이틀이 따라붙기 시작했다.

≫ 명승부

2014-15 시즌의 EL 결승, 세비야는 우크라이나의 도니프로에 3-2로 역전 승리하는 쾌거를 이루었다. 3년 연속 EL 우승을 달성한 위업에 있어서 가장 평가받아야 할 점은 매 시즌마다 주력선수를 잃는 악조건 속에서 이룬 성과라는 점이다. 라몬 로드리게스, 일명 '몬치' 세비야 스포츠 디렉터의 "싸게 사서 비싸게 판다"라는 영업방침 때문에 크게 활약한 주력선수는 거의 예외 없이 다음 시즌에는 명단에서 사라졌다. 2013-14에는 네그레도와 헤수스 나바스를, 2014-15에는 라키티치와 모레노를 잃었다. 매 시즌마다 팀을 다시 짜야 했다. 시즌 초반에는 부진하지만 종반에는 훌륭한 팀으로 만들어내는 그의 수완은 높이 평가할 만하다.

🔵 육성한 스타선수

후안 마타 / 레알 마드리드의 B팀에 소속되어 있었으나 1군으로 승격하지 못했다. 이적한 발렌시아의 에메리 밑에서 그 재능을 꽃피웠다. 지능적이고 공격력이 뛰어난 마타와 함께 하는 동안 에메리 또한 배울 점이 많았다고 회고했다.

카를로스 바카 / 스무 살까지 버스 운전기사 조수로 일하면서 프로축구선수를 꿈꾸었던 스트라이커. 세비야의 에메리 밑에서 공수 전반에서의 다양한 전술적 요구에 부응하며 돌풍을 일으켰다. 2015년 이적료 400억 원에 AC 밀란으로 이적했다.

☀ 천적 및 라이벌

루이스 엔리케 / 에메리가 이끈 팀은 바르셀로나를 상대로 한 20전 중 단 한 차례도 이긴 적이 없었다. 그런데 2015-16 시즌 7라운드에서 드디어 첫 승리를 거두었다. 이 경기는 빅 클럽에 약하다는 평을 받았던 에메리에게 귀중한 1승이 되었다.

Formation Case 01 | 발렌시아 (2009-12의 3시즌)

⩔ Basic Formation

4-2-3-1

재능이 약동하는 유동적인 공격

2009-10 시즌은 에메리가 이끈 발렌시아 중에서 가장 공격적이고 매력이 넘치는 시즌이 되었다. 비야가 중앙에만 머물러 있지 않고 사이드로 넘어가기도 하고, 마타가 중앙으로 들어가거나 공격적인 양쪽 사이드백이 올라오는 등 유동적인 포지션 체인지로 측면을 무너뜨리며 뛰어난 기술과 창의성을 유감없이 발휘했다. 특히 압권은 실바였다. 블록 틈새에서 패스를 유도해 상대를 혼란에 빠트리고, 역습의 기점을 만들어내는 등 다방면에서 크게 활약했다. 그 실력을 인정받아 이듬해 맨체스터 시티로 이적했다. 개인의 재능이 폭발한 시즌이었다.

포메이션	[4-2-3-1]
프리 키커	비야, 실바, 마타
빌드 업	점유
주공격	측면공격, 스루패스
수비영역DF area의 고저	다소 낮음

⩔ Special Formation

4-4-1-1

콤팩트한 수비와 역습을 중시

비야와 실바의 개인기에 의존했던 직전 시즌과 다르게, 2010-11 시즌은 이 두 명이 방출된 상태로 맞이하게 되었다. 에메리는 4-4-1-1을 기본으로 콤팩트한 수비력을 강화해 대전 상대에 따라 4-3-3이나 3-4-3 등 시스템에 변화를 주면서 효과적인 역습을 노리는 전술을 재정비했다. 비단 세비야에서뿐만 아니라 발렌시아 시절부터 매 시즌마다 주력선수가 이탈하는 상황 속에서도 에메리는 성공적으로 팀을 재구축해냈다. 이런 악조건 속에서 3년 연속 리그전 3위와 CL 출전권 확보 등은 결코 아무나 해낼 수 있는 일이 아니다.

Point!

전력에 맞게 현실적으로 팀을 운영했으나, 과거의 화려한 공격력만을 기억하는 클럽 고위층과 팬들로부터는 지지받지 못했다.

Formation Case 02 | 세비야(2014-15)

⩔ Basic Formation

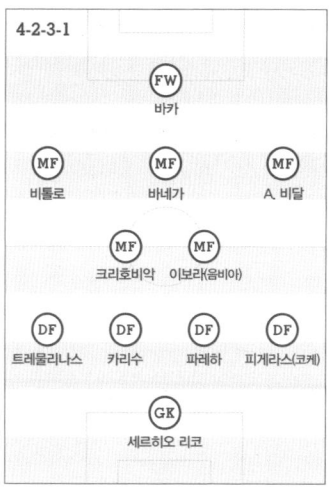

4-2-3-1

공격적인 사이드와 수비적인 중앙

주파능력 있는 공격적인 양쪽 사이드백의 오버래핑은 에메리 전술의 공통분모라 할 수 있다. 상대가 낮은 라인에서 나오지 않으면 견고한 수비로부터의 역습이 통하지 않는다. 점유로 상대를 중앙으로 유인하면서 사이드체인지로 한 순간에 측면을 붕괴시킨다. 공격적인 양 사이드는 두 볼란테의 수비력이 키 포인트다. 탁월한 밸런서인 크리호비악과 공중전에 강한 이보라 또는 음비아가 중원을 지켰다. 에메리는 리그전과 EL에서 자주 로테이션을 가동하면서 선수를 적절히 쉬게 해 선수층이 두터운 팀을 만들어냈다.

포메이션	[4-2-3-1]
프리 키커	바네가
빌드 업	점유, 쇼트카운터
주공격	측면공격, 세트피스
수비영역DF area의 고저	다소 낮음

⩔ Special Formation

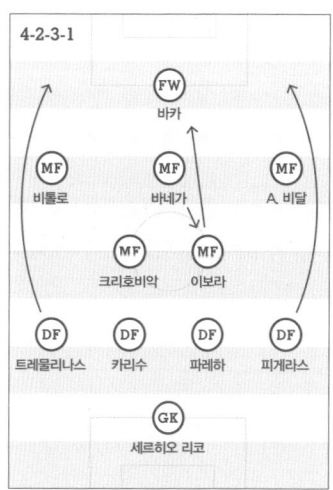

4-2-3-1

공수에서의 종방향 포지션 체인지

전년도 EL 제패의 주역이었던 공격형 미드필더 라키티치가 바르셀로나로 이적함에 따라 에메리는 그 대타로 발렌시아 시절의 애제자 바네가를 영입했다. 포지션은 공격형 미드필더로, 점유 시 중원 아래까지 내려가고 이보라가 대신 1선으로 올라갔다. 공중전에 강한 이보라가 공격 시 측면공격의 마무리 역할을 수행했고, 반대로 체구가 작은 플레이메이커 바네가는 점유에서 사이드로 전개할 때 패스를 배분하는 사령탑이 되었다. 이 조합으로 바네가와 이보라의 장단점을 서로 보완하는 시스템을 만들어냈다.

> **Point!**
> 이 시스템은 지공遲攻에서 주로 사용되었다. 상대가 공간을 비워서 속공이 가능할 때는 바네가가 그대로 공격형 미드필더로 뛰었다.

승리를 노리는 데 있어서
야심 찬 선수를 가지는 것이
가장 좋은 방법이다.

공격적인 스타일을 사랑하는
냉정하고 침착한 축구 신사

마누엘 페예그리니
Manuel Pellegrini

≫ 감독이 되기까지의 경력 · 배경 · 인물상

현역 시절에는 유니버시다드 데 칠레 산티아고에서만 뛰었으며, 센터백으로 451경기에 출전했다. 은퇴 후 칠레와 아르헨티나에서 지도자 실적을 쌓았으며, 2004년에 비야레알로 이적했다. 클럽을 강호로 만들어 2005-06에는 CL 4강까지 진출시키면서 페예그리니도 명장 대열에 합류하게 된다. 그 후 레알 마드리드와 말라가를 거쳐 2013년부터 맨체스터 시티를 3시즌 지휘했다. 어느 클럽에서나 안정적인 성적을 거두었다. 신사적인 성격으로, 감정적인 경우는 거의 없다. 코치나 선수할 것 없이 누구와도 격의 없이 지내는 호감형 성품의 소유자. 그러나 비뚤어지거나 불성실한 행실을 매우 싫어해, 가끔 독설을 날리기도 한다.

≫ 명승부

2013-14 시즌 취임 첫해 감독으로서 첫 유럽리그 우승을 달성해냈다. 리그 종반까지 리버풀의 기세에 눌렸으나 맨체스터 시티는 마지막 5경기에서 5연승을 달성해 종반에 승점을 놓친 리버풀을 제치고 최종 경기인 웨스트햄전에서 우승을 결정지었다. 38전 중 6패로 패한 경기수가 우승팀으로는 많은 편이나 무승부가 다섯 번뿐이어서 승점을 효율적으로 따낼 수 있었다. 이를 가능하게 한 것은 연간 리그전 102득점이라는 압도적인 공격력에 있다. 위험한 도전을 장려하며 매우 공격적인 축구를 지향하는 페예그리니는 1-0에 안주하지 않고 2골, 3골을 선수들에게 요구한다. 이러한 철학이 간혹 하위클럽에 어이없게 패하며 승점을 날리는 실수를 줄이는 데 일조했다.

🛈 육성한 스타선수

산티 카소를라 / 비야레알의 B팀에서 자란 기교파 MF. 페예그리니에게 출전기회를 얻으며 레크레아티보에서 1년간 수행을 거치면서 팀의 주력으로 성장했다. 말라가에서도 페예그리니 밑에서 뛰며 사제지간이 되었다.

마르코스 세나 / 스페인 국가대표팀이 사상 처음 유럽선수권을 제패하는 데 있어 원동력이 된 MF. 2002년 브라질에서 이적하고 난 후 취임한 페예그리니와 함께 주가를 크게 올렸다.

✱ 천적 및 라이벌

펩 과르디올라 / 페예그리니는 2009-10 시즌을 이끈 레알에서 클럽 사상 최고승점인 96점을 획득했으나, 바르셀로나에 3점을 뒤지며 '무관=해임'이라는 클럽 규정에 따라 해임되었다. 2016년 맨체스터 시티에서도 과르디올라의 취임으로 자리를 빼앗겼다.

조세 무리뉴 / 리스크를 거부하는 포르투갈인과 리스크에 대한 도전을 미덕으로 여기는 칠레인은 물과 기름처럼 섞이지 않는다. 무리뉴가 이끄는 첼시와의 대전에서 "너무 방어적이다. 강호답지 못하다."며 비난했다.

Formation Case 01 | 말라가(2011-12)

⩔ Basic Formation

2선의 플레이메이커가 핵심요소

레알에서 해임된 후 2010-11 시즌 중반부터 말라가 감독으로 취임했다. 2년째에는 리그 4위로 올라가 CL 출전권을 따냈다. 페예그리니 공격전술에서 2선의 플레이메이커는 전술의 핵심요소다. DF와 MF 사이에서 종패스를 끌어내고, 지능적인 테크닉으로 공격에 변화를 준다. 말라가에서는 주로 이스코와 카스를라가 그 역할을 해냈다. 이들이 중심인 유동성 있는 1선에 대해 볼란테와 센터백을 수비 위주로 조합해 밸런스를 맞추었다. 내실 있는 시즌이었으나 클럽의 경영파탄으로 그 다음 시즌부터 전력이 방출되면서 매력적인 팀은 허무하게 사라졌다.

포메이션	[4-2-3-1] [4-4-2]
프리 키커	카스를라
빌드 업	1선과 2선으로의 종패스
주공격	콤비네이션, 측면공격, 스루패스
수비영역DF area의 고저	높음

⩔ Special Formation

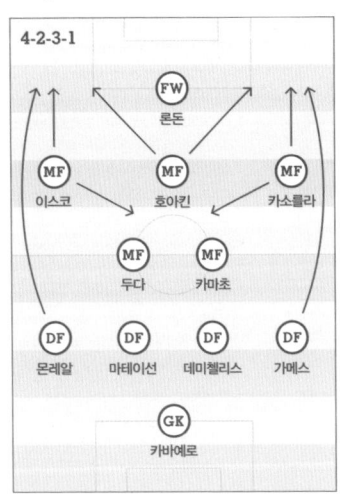

1선의 조합에 다양한 시도

1선의 오프더볼 움직임에 대해 심플하게 볼을 넘기고 2선이 압박을 뚫어냈다. 그리고 공간이 생긴 측면으로 공격형 사이드백이 오버랩해서 공격의 폭을 만들어냈다. 가장 중요한 요소는 이스코와 카스를라에게 얼마나 볼을 보낼 수 있느냐였다. 페예그리니는 대전 상대에 따라 이스코를 사이드로 이동시켜 부담을 줄여주고, 반대로 호아킨을 공격형 미드필더나 투톱으로 세워 침투를 시도하는 등 콤비네이션을 다양하게 시도했다. 경기에 따라서는 카스를라를 볼란테로 배치해 볼 배급의 퀄리티를 높였다.

Point!
말라가는 2010년 카타르 왕족에 인수되었으나 태만한 경영으로 자금사정이 악화되어, 2013년부터 4시즌 동안 유럽대회 참가가 금지되었다.

Formation Case 01 | 맨체스터 시티(2013-14)

≫ Basic Formation

전술 "야야 투레", 돌파력이 빛나다

페예그리니는 많은 시스템을 사용하는 편은 아니다. 2015-16 시즌에는 라인을 조금 내려서 롱카운터를 노리는 4-1-4-1을 시도하기도 했으나, 기본적으로는 4-4-2나 4-2-3-1로 높은 라인에서 수비하는 포메이션을 사용한다. 이 팀에서 가장 강력한 무기는 야야 투레의 돌파였다. 힘차게 상대선수를 제치고 드리블로 적진에 진입해 슈팅으로 연결했다. 프리킥까지 합쳐 야야 투레는 리그 20득점을 올려 팀의 득점원이 되었다. 이와 대조적으로 센터백과 볼란테는 선수층이 얕아 늘 불안요소로 작용했다.

포메이션	[4-4-2] [4-2-3-1]
프리 키커	야야 투레, 실바
빌드 업	1선과 2선으로의 종패스
주공격	스루패스, 드리블, 측면공격, 프리킥
수비영역DF area의 고저	다소 높음

≫ Special Formation

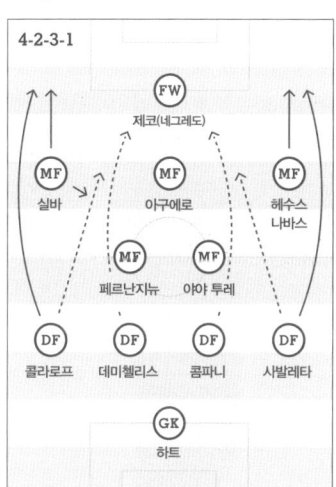

실바에게 종패스, 제코에게 하이볼로 기점 만들어

선수들의 개성은 다소 다르지만, 전반적인 구성은 말라가 시절과 거의 유사하다. 양쪽 폭을 확보한 상태에서 상대의 수비 사이로 뚫고 나오는 실바에게 종패스를 보내는 것이 공격의 기점이 되었다. 한편 오른쪽 사이드는 헤수스 나바스가 단독으로 종방향 공격을 시도하거나, 그 뒤의 사발레타가 중앙 쪽을 지원했다. 만치니 시절에 비해 1선이 폭을 활용해 사이드를 공략하려는 의식이 강했다. 빌드 업은 별로 복잡한 것을 요구하지 않았다. 상대의 압박을 받으면 종방향으로 롱볼을 차고, 원톱인 제코가 이를 받으며 기점을 만드는 형태도 있었다.

> **Point!**
> 로드웰과 나스타시치 등으로 불안한 수비 포지션을 보강했으나, 모두 실패로 끝났다.

> 과르디올라와 싸우는 건
> 극도로 어려운 작업이다.
> 그러나 우리와 싸우는 팀 또한 마찬가지다.

적을 무찌르는 다이너미즘
선수육성에 탁월한 전술가

루시앵 파브르
Lucien Favre

≫ 감독이 되기까지의 경력 · 배경 · 인물상

현역 시절에는 기술과 지능을 모두 겸비한 플레이메이커로 활약했으며, 1991년 현역에서 은퇴했다. 모국인 스위스에서 감독으로서의 경력을 쌓았다. 2003년부터 이끌었던 강호 취리히에서는 2006년과 2007년 리그 연승을 달성했다. 특히 2007년도 팀은 평균연령이 21.5세로 매우 젊어, 이때 가르쳤던 선수들이 대거 스위스 국가대표와 해외클럽으로 진출하기도 했다. 선수육성의 수완은 그 직후 바로 취임한 헤르타 베를린과 2011년 취임한 보루시아 묀헨글라트바흐에서도 발휘되어 로이스와 크라머, 테르 슈테겐 등 많은 선수가 빅 클럽으로 영전했다. 볼을 뺏은 후의 빠른 공수전환과 여러 명이 빠르게 가담하는 역동적인 공격 전술을 지향한다.

≫ 명승부

2014-15 시즌에 지휘한 보루시아 묀헨글라트바흐는 그의 경력 중 최고의 팀이었다. 특히 26라운드였던 바이에른전에서는 국내 무적이라 불리던 절대왕자를 상대로 2-0으로 완승했다. 초반에 바이에른의 맹공을 잘 막아내자, 그 뒤로는 묀헨글라트바흐 특유의 박진감 넘치는 공격이 빛을 발했다. 9라운드의 바이에른전에서도 0-0 무승부로 비기며, 이 시즌은 두 경기 모두 완봉으로 이겼다. 과르디올라는 경기를 끝! 내면서 "묀헨글라트바흐는 꼭 CL에 출전해야 한다."며 혀를 내둘렀다. 리그전에서는 바이에른과 볼프스부르크에 이은 3위로 CL 출전권을 따내며 약진이 기대되었으나, 다음 시즌 예상 밖의 개막연패로 스스로 사임을 결심했다.

● 육성한 스타선수

하파엘 아라우조 / 브라질 출신의 공격형 MF. 취리히와 헤르타 베를린, 묀헨글라트바흐 세 팀에서 파브르에게 사사했다. 2015년 파브르의 전격사임 시 심적으로 큰 타격을 받았으나, 슈베르트 신임 감독 밑에서 팀 재건에 많은 공헌을 해냈다.

루카스 피쉬첵 / 헤르타 베를린에 소속되었던 2008-09 시즌에 윙과 사이드백이었다. 그러나 파브르에 의해 오른쪽 사이드백으로 이동되면서, 이를 계기로 크게 도약하며 도르트문트로의 이적이 실현되었다.

● 천적 및 라이벌

펩 과르디올라 / 목표이자 호적수와 같은 존재다. 과르디올라가 바이에른 감독으로 처음 치른 경기인 2013-14 시즌 개막전에서, 파브르가 이끄는 묀헨글라트바흐는 바이에른에 1-3으로 피했다. 그러니 빠른 역습으로 끈질기게 밀어붙이며 분데스리가의 저력을 과시했다.

위르겐 클롭 / "보루시아 더비"라 불리는 라이벌 팀 보루시아 도르트문트를 지휘했다. 역동적인 축구를 지향하는 철학 또한 파브르와 클롭은 닮았다.

Formation Case 01 | 헤르타 베를린(2008-09)

∀ Basic Formation

해외 첫 무대에서 역동적인 축구를 전개

독재적인 디터 헤네스 GM에 의해 초빙된 파브르의 첫해 성적은 10위에 그쳤다. 그러나 이듬 2008-09 시즌은 4위로 크게 약진했다. 1선은 포지션을 고정시키지 않았다. 판텔리치와 보로닌이 사이드로 들어가 종패스를 끌어내고, 중원의 침투까지 가세해 유동적으로 상대를 흔들어놓았다. 많은 선수가 득점원이 되었다. 그러나 3시즌 때 클럽의 재정문제로 보로닌과 판텔리치가 임대에서 본 클럽으로 복귀하고, 시무니치도 방출되자 공수 주력을 잃은 헤르타는 개막 6연패로 부진을 면치 못했고 파브르도 해임되었다. 그대로 팀 또한 2부 리그로 강등되었다.

포메이션	[4-4-2] [4-4-1-1]
프리 키커	에베르트, 하파엘
빌드 업	사이드 기점
주공격	역습, 측면공격
수비영역(DF area)의 고저	다소 낮음

∀ Special Formation

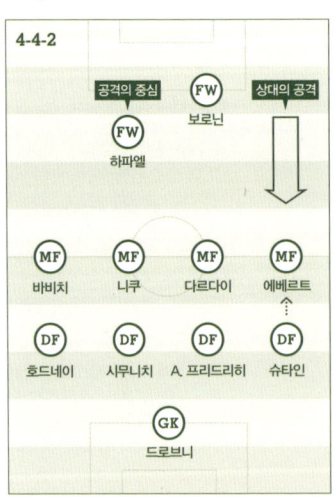

유연하게 시스템을 구별해 사용

시즌 초반에는 3-4-2-1을 베이스로 대전 상대에 따라 시스템을 선별해 사용했으나 점차 4-4-2로 정착했다. 현역시절에 여러 포지션을 경험했던 파브르는 제자들에게도 유틸리티를 강조하고, 로테이션을 구사하며 팀을 꾸려나갔다. 유연한 기용이 가장 큰 효과를 발휘한 것은 2008-09 시즌 20라운드의 바이에른전이었다. 리베리와 람의 왼쪽 측면공격에 대해 평소 왼쪽 사이드였던 슈타인을 오른쪽으로 돌려, 에베르트와 종으로 연결시켜 수비를 강화했다. 공격의 중심이었던 하파엘은 1.5선으로 빠졌다. 이것이 효과를 발휘하면서 보로닌이 골을 넣어 2-1로 승리했다.

Point!
오른쪽 사이드백은 부상자가 많아 늘 고민거리였다. 피쉬첵의 교체는 어려운 클럽 사정이 만들어낸 결과물이었다.

Formation Case 02 | 보루시아 묀헨글라트바흐(2014-15)

≫ Basic Formation

주행거리 No.1의 다이너미즘

로이스와 단테 등 주력을 잇달아 잃으면서도 파브르는 빠른 공수 전환과 주행거리 리그 No.1을 기록하는 역동적인 팀을 만들어냈다. 그는 언제나 콤팩트한 수비를 중시하며, 높은 라인에서의 카운터 프레스와 낮은 라인에서의 지역방어를 구분해 사용한다. 2014-15 시즌에는 리그 3위로 약진했다. 그러나 다음 시즌은 개막부터 예상 밖의 연패행진에 스스로 사임했다. 선수육성에는 정평이 나 있어, 선수를 키워내면 바로 빅 클럽에 고가로 스카우트당하는 딜레마가 있다. 이로 인해 매 시즌마다 팀을 재구축하는 데 애를 먹었다.

포메이션	[4-4-2] [4-4-1-1]
프리 키커	하파엘
빌드 업	쇼트카운터, 점유
주공격	오버래핑, 스루패스
수비영역DF area의 고저	구별해 사용

≫ Special Formation

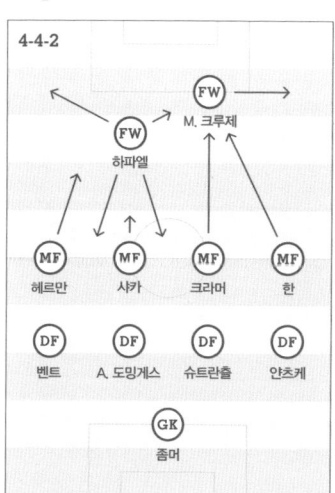

완급조절이 잘 된 공수전술

헤르타 시절과 마찬가지로 파브르가 이상적으로 생각하는 FW란 유동성이 뛰어난 스트라이커다. 중원만 지키고 있는 전형적인 센터포워드가 아니다. M. 크루제는 사이드로 들어가고, 하파엘이 넓게 움직이며 볼을 터치하고, 중앙에 생긴 공간으로 사이드하프가 과감하게 침투했다. 스피디하게 자기 팀을 추월하는 오버래핑 연쇄 역습은 보는 이를 압도하기에 충분했다. 한편 GK 좀머 또한 빈번하게 볼터치하며, 템포를 늦춘 점유에도 가담했다. 공수 모두에서 다이너미즘과 슬로우 다운의 완급조절이 잘 이루어졌으며, 팀 파워를 효율적으로 사용하는 기술이 매우 탁월했다.

Point!
파브르는 헤르타 때와 비슷한 경위로 클럽을 떠났다. 만약 지금이 탄탄한 빅 클럽에서 지휘봉을 잡으면 어떤 성적을 낼지 기대된다.

감독이 하는 일은
와인 제조와 닮은 데가 있다.
그때 수확되는 포도로
최상의 와인을 빚어내야 한다.

승리지상주의의 상관上官
시합은 결코 오락이 아니다

파비오 카펠로
Fabio Capello

≫ 감독이 되기까지의 경력 · 배경 · 인물상

현역 시절 중원 아래의 플레이메이커로 AC 밀란과 유벤투스, 로마에서 활약했다. 은퇴 후에는 현장을 떠나 해설자와 클럽운영진으로 활약했다. 1991년 사키가 구축해놓은 AC 밀란을 인계받는 형태로 감독직에 취임했다. 프랑코 바레시는 "식은 수프를 다시 데워먹는 거나 마찬가지."라며 회의적인 반응을 보였으나, 카펠로는 이런 냉랭한 평가를 보란 듯이 뒤집었다. 5시즌 중 리그 우승은 4회, CL에서는 우승과 2회의 준우승을 달성해내며 그가 지휘한 팀은 '그란데 밀란'이라고 불렸다. 철저한 승리지상주의자로 교착상태의 게임에 모험수를 두는 것을 기피했다. 이 때문에 카펠로의 경기는 '아무 일도 일어나지 않는다'고 야유하는 이들도 많다.

≫ 명승부

1993-94 시즌 CL 결승에서 요한 크루이프가 이끄는 최강 바르셀로나를 4-0으로 크게 누르며 우승한 경기는 그란데 AC 밀란을 상징하는 명승부가 되었다. 카펠로는 AC 밀란에 로테이션이라는 운영방식을 도입한 것으로 유명하다. 이 CL에서도 선수를 교체하면서 기용해, 동기와 컨디션을 최상의 상태로 유지했다. 주전선수를 다수 보유하면서 구별해 사용하는 방식은 그 당시로는 획기적인 것이었다. 스타선수들이 즐비한 그란데 밀란에서 로테이션이 가능했던 것은 카펠로의 개성에 의한 바가 크다. 상관으로서 선수들의 이기적인 행동을 절대 용납하지 않고, 압도적인 카리스마와 위압감으로 규율을 따르게 만들었다.

🛈 육성한 스타선수

크리스티안 파누치 / 카펠로의 총애를 받은 DF. AC 밀란과 레알 마드리드, 로마 등 스승의 뒤를 따랐다. 은퇴 후 해설자로 활동하다가 2012년 러시아 국가대표팀에서 카펠로의 어시스턴트 코치를 맡았다. 그러나 계약문제로 스승과 충돌해 2014년에 퇴임했다.

프란체스코 토티 / 1999년에 취임한 로마에서 카펠로는 주로 왼쪽 측면을 맡았던 토티를 중앙 사령탑으로 기용했다. 득점력과 고도의 기술, 뛰어난 창의력을 겸비한 플레이메이커로의 재능을 발굴해내며 지금의 10번 플레이스타일의 기초를 구축했다.

✳ 천적 및 라이벌

로베르토 만치니 / 카펠로가 로마 감독 시절 더비 상대인 라치오의 감독. 2004년 카펠로가 유벤투스로 이적하자 동시에 인터 밀란으로 이적하면서 팀 간 리이벌 간게는 계속되었다. "맏치니는 어떤 포도로든 훌륭한 와인을 만들어낸다."고 능력을 인정한 바 있다.

프랑크 레이카르트 / 최강 바르셀로나에서 리그 3연승을 노렸으나, 레알 마드리드에 취임한 카펠로 때문에 좌절됐다. 선수에게 출전기회를 주지 않고 징벌하는 그의 방식을 비난했다.

Formation Case 01 | AC 밀란(1993-94)

≫ Basic Formation

철저한 현실주의자의 우노제로(1-0)전술

카펠로는 "축구는 매우 단순한 경기다. 단순하게 플레이하면 실수를 피할 수 있다."고 말한다. 유동적인 콤비네이션과 이에 따른 커버링과 같이 게임을 복잡하게 만드는 전술을 기피한다. 점유를 엄격하게 지킬 것을 선수에게 요구하며 끝까지 밸런스가 무너지지 않도록 유지시키므로, 고정화된 공격은 결국 개인 역량에 의존할 수밖에 없었다. 레이카르트와 굴리트, 반 바스텐의 오렌지 삼총사가 빠지자 공격력이 크게 떨어져 34경기에서의 득점이 36골에 그쳤다. 그러나 한편으로 철벽수비진이 허용한 실점은 15점에 불과해, 우노제로(1-0)로 계속 승리하면서 리그 우승과 CL 우승을 달성했다.

포메이션	[4-4-2]
프리 키커	알베르티니
빌드 업	역습, 점유
주공격	측면공격, 크로스, 세트피스
수비영역 DF area의 고저	다소 높음

≫ Special Formation

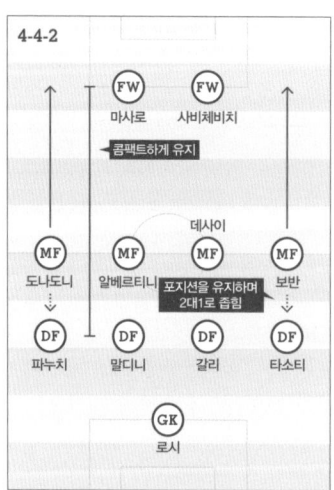

이상적인 사키전술로부터 변화를 시도

카펠로의 AC 밀란에서의 철벽수비는 전임자인 아리고 사키가 구축한 압박수비가 기반이 되었다. 그러나 공격적인 압박으로 볼을 탈취하고 오프사이드 트랩을 자주 사용한 이상주의자 사키에 비하면 카펠로는 현실주의자였다. 항상 압박하지는 않고 때로는 라인을 내리며 신중하게 공간을 메웠다. 라인 높이보다는 전체의 밀도를 중시했다. 멤버 선정에 있어서도 볼란테에 알베르티니와 데사이처럼 수비형 선수 두 명을 배치해 실수를 줄이고 볼처리의 효율성을 높였다.

Point!

지루한 축구라고 야유 받은 카펠로는 1996년에 리그 우승을 달성했음에도 그대로 경질당했다. 똑같은 일이 두 번, 레알 마드리드에서도 일어났다.

Formation Case 02 | 잉글랜드 국가대표팀 (2010)

∨ Basic Formation

중시하던 컨디션 조절에 실패

남아공 월드컵은 조별리그를 1승 2무로 무패 통과했다. 2득점 1실점이라는 낮은 점수도 카펠로다웠다. 그러나 16강 독일전에서는 클로제에게 공간을 돌파당하면서 1-4로 패해 8강 진출이 좌절되었다. 램파드의 환상적인 골 장면도 있었으나, 내용면에서도 완패였다. 전술보다는 컨디션 조절을 중시하는 카펠로는 대회를 앞둔 합숙훈련에서 저산소 텐트를 도입하고, 베이스캠프를 고산지대에 마련하는 등 여러 가지로 다양한 대책을 강구했다. 그러나 오히려 피로가 누적되는 결과를 낳고 말았다. 또한 2차전과 3차전을 저지대에서 치르면서 훈련을 통한 적응효과가 사라져, 다시 고지대로 돌아간 독일전에서 선수들의 컨디션은 최악이었다.

포메이션	[4-4-2] [4-4-1-1]
프리 키커	램파드, 제라드, 배리
빌드 업	역습, 롱볼
주공격	크로스, 침투, 세트피스
수비영역(DF area)의 고저	다소 낮음

∨ Special Formation

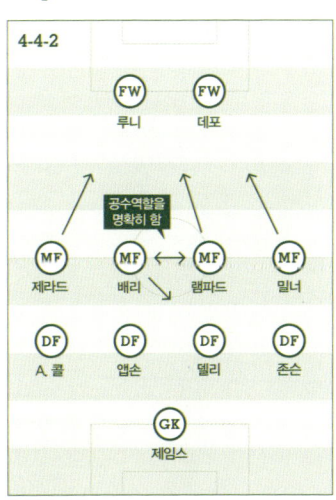

국가대표팀 운영의 어려움을 체감

"시스템을 논하는 건 넌센스다. 현대축구는 9-1이다. 9명이서 공격하고, 9명이서 수비한다."고 말하는 카펠로는 시스템 이론에는 관심이 없었으며, 전통적인 4-4-2 시스템으로 본 대회에 임했다. 그러나 원하는 대로 전력보강이 가능한 클럽과는 사정이 달랐다. 루니의 '파트너' 찾기는 마지막까지 난항을 겪었다. 중원의 조합 또한 램파드와 제라드를 배치한 포진은 위험지역을 쉽게 내주었고, 결국 2차전 이후에는 배리를 기용했다. 게다가 첫 경기에서 DF인 킹이 부상을 당하면서 대체 투입된 업슨은 독일전에서 실점의 원인을 제공했다. 시간도 선수도 부족한 국가대표팀 운용의 어려움을 제대로 체험한 대회였다.

> **Point!**
> 카펠로는 잉글랜드 국가대표팀이 승부차기에 약한 점을 우려해 대책을 세웠으나, 결국 활용할 기회도 없이 대회를 마쳤다.

축구의 미학.
그것은 오직 경이로움을 선사하는
플레이밖에는 없다.

결과를 남기는 이탈리아 지휘관
능력을 끌어내는 탁월한 수완의 소유자

로베르토 만치니
Roberto Mancini

≫ 감독이 되기까지의 경력 · 배경 · 인물상

현역 시절 삼프도리아에서 424경기에 출전하여 132득점을 올렸다. 클럽을 상징하는 선수로 "미스터 삼프"라 불렸다. 2001년 은퇴하면서 세리에 A에서 감독생활을 시작하고, 2004년부터 인터 밀란으로 이적했다. 리그 3연승의 결과를 남겼으나 CL에서는 8강에서 물러나야만 했다. 그러나 그 후에 이적한 맨체스터 시티에서 클럽 44년 만의 리그 우승을 이루면서 결과를 남기는 감독으로 깊은 인상을 주었다. 2014년부터 다시 인터 밀란 감독으로 복귀했다. 만치니는 우승이라는 결과를 남김에도 불구하고 특정 선수에만 의존하는 팀을 만든다고 비판받는 경우가 많다. 그러나 선수의 재능을 이끌어내는 것 또한 감독의 능력이다. 독창적인 전술을 창조해내는 것만이 감독의 업무는 아니다.

≫ 명승부

2011-12 시즌 맨체스터 시티에 안긴 리그 우승은 극적이었다. 시즌 종반 유나이티드와의 수위 경쟁에서 한때 승점차가 8점까지 벌어졌으나 점차 따라잡고, 36라운드 맨체스터 더비에서 1-0으로 승리해 승점이 같아지면서 득실차에 의해 드디어 수위로 등극했다. 최종전인 QPR전에서 이기면 우승이 거의 확정되는 상황이었다. 그러나 잔류를 놓고 경쟁하던 QPR의 집념에 발목을 잡히면서 1명 모자란 QPR에 1-2의 역전을 허용하고 만다. 같은 시각에 유나이티드가 승리하면서 시티는 비겨도 우승을 놓칠 위기에 처했다. 그러나 추가 시간에 제코와 아구에로가 연속으로 골을 넣으면서 기적과 같은 극적인 승리를 거두며 우승을 차지했다.

🛈 육성한 스타선수

즐라탄 이브라히모비치 / 인터 밀란의 리그 3연승은 즐라탄을 빼고는 말할 수 없을 만큼 그에 대한 의존도가 높았다. 우수한 선수 중 하나에 불과했던 즐라탄은 만치니 밑에서 월드클래스 전술병기로 거듭나게 되었다.

마리오 발로텔리 / 2007년 인터 밀란에서 만치니가 데뷔시킨 선수로 그 해 세리에 A 우승을 경험했다. 그 후 맨체스터 시티에서 또다시 만나면서 사제간이 되었으나. 욕실불꽃놀이 사건과 결정적인 순간에 이기적인 플레이를 보이는 등 만치니의 격분을 샀다. 골칫거리 악동선수로 악명높다.

✹ 천적 및 라이벌

시니사 미하일로비치 / 현역 시절 삼프도리아와 라치오에서 함께 뛰었고, 인터 밀란에서는 만치니 밑에서 뛰었다. 그 후 어시스턴트 코치로 함께 일한 오랜 전우와 같은 사이다. 2015년 AC 밀란에 취임하면서 라이벌 팀의 감독으로 다시 만났다.

알렉스 퍼거슨 / 맨체스터의 클럽 감독으로 3시즌을 맞붙었다. 2013년 퍼거슨의 용퇴발표 후 만치니는 "그와의 대전은 내게 영광이자 기쁨이었다."고 그의 공적을 칭송했다.

Formation Case 01 | 인터 밀란(2007-08)

≫ Basic Formation

모든 기점은 1선의 압도적인 볼 키핑력에서 시작된다

압도적인 키핑력을 자랑하는 즐라탄에게 롱패스를 보내 기점을 만들고, 중원이 앞방향으로 가담하는 콤비네이션을 기본으로 했다. 크루스는 종패스를 받아내는 기술과 스루패스에 반응하는 능력이 뛰어났다. 중앙이 혼잡하면 양쪽 사이드에서 마이콘과 막스웰이 오버래핑해서 크로스로 공격했다. 다채로운 공격패턴은 모두 그 기점이 1선의 볼 키핑력에서 시작된다. 피구는 왕년의 돌파력은 없으나 기술을 살린 볼 키핑과 탁월한 콤비네이션으로 공격형 미드필더로 주변의 능력을 끌어냈다.

포메이션	[4-3-1-2] [4-4-2]
프리 키커	즐라탄, 캄비아소
빌드 업	롱패스, 종패스를 기점으로 한 점유
주공격	스루패스, 콤비네이션, 크로스
수비영역 DF area의 고저	낮음

≫ Special Formation

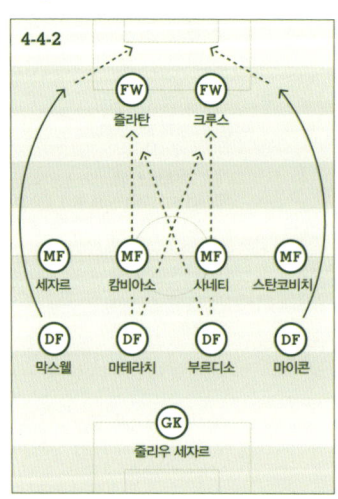

사이드를 중시한 4-4-2를 병용

4-3-1-2는 중앙의 견고한 수비가 가능한 반면 사이드체인지로 좌우가 흔들리면 바로 무너지는 특징이 있다. 만치니는 4-3-1-2를 기본 시스템으로 하면서 상대의 점유가 강할 때, 측면 공수를 강화시킬 필요가 있을 경우, 공격형 미드필더인 피구나 히메네스를 기용할 수 없는 상황에서는 4-4-2를 병용했다. 이때 공격적인 양쪽 사이드백의 능력이 관건이며, 크로스로 골을 노리는 경향이 더욱 강해진다. 볼 키핑력과 더불어 강력한 투톱의 탁월한 종합적 능력이 전술의 핵심이었다.

Point!

DF의 종 패스 공급력을 중시하는 만치니는 세 왼발잡이 센터백 마테라치와 사무엘, 키부를 영입했다.

Formation Case 02 | 맨체스터 시티(2011-12)

⋙ Basic Formation

4-2-3-1

안정된 수비와 실바를 활용한 공격

시스템은 4-2-3-1로, 2선의 기술을 활용하는 것이 기본이다. 만치니와의 불화로 일시 귀국했던 테베스가 복귀한 뒤로는 아구에로와 배열시킨 4-4-2도 사용했다. 이탈리아 출신답게 지역방어를 정비해 실점을 29점으로 막아내는 한편, 공격에서는 개인 능력이 뛰어난 선수를 자유롭게 플레이하게 하는 것이 만치니의 방식이다. 이 팀에서는 나스리와 실바가 그 역할을 맡았다. 특히 실바는 점유 시 반대편 사이드와 중앙, 3선으로 활발하게 움직이며 볼을 차지하면서 나스리나 아구에로와 콤비네이션을 이루었다.

포메이션	[4-2-3-1] [4-4-2]
프리 키커	실바, 콜라로프, 나스리
빌드 업	2선 중심의 점유
주공격	스루패스, 드리블, 중앙 콤비네이션
수비영역DF area의 고저	다소 높음

⋙ Special Formation

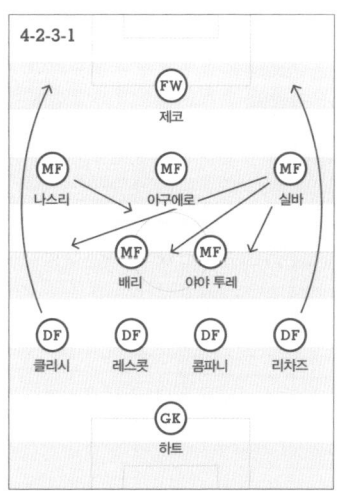

4-2-3-1

공격을 활성화시키는 전술적 메커니즘

2선의 실바와 나스리의 유동적 플레이를 활성화시키기 위한 몇 가지 포인트가 있었다. 센터백과 볼란테는 틈으로 파고 들어가는 이들에게 심플하게 종패스를 보냈다. 원톱인 제코는 빌드 업에 상관없이 상대 디펜스라인을 묶어두면서 2선에 공간을 창출해 기술을 가진 2선 선수들이 중앙에서 자유롭게 움직일 수 있도록 만들었다. 또한 실바와 나스리가 중앙으로 이동해 사이드에 공간이 생기면 양쪽 사이드백이 바로 올라가 지원하면서 공격이 막히는 것을 방지했다. 발이 빠른 클리시와 리차즈가 그 역할을 해냈다.

— **Point!** —

즐라탄전술에서 실바전술로 바꾼 만치니를 두고, '의존'이라고 하기는 쉽다. 그러나 개인의 능력을 제대로 끌어내는 수완 또한 인정해야 할 부분이다.

우리는 늘 굶주려 있어야 한다.
작년에는 스쿠데토(Scudetto, 세리에 A 우승)라는
진수성찬을 맛보았지만,
이제 겨우 맛만 보기 시작했을 뿐이다.

유베Juve에서 자란 규율형 지휘관
좋은 긴장감으로 팀 분위기를 조성하다

안토니오 콘테
Antonio Conte

≫ 감독이 되기까지의 경력 · 배경 · 인물상

고향 레체에서 뛰다가 1991년부터 13시즌 동안 유벤투스에서 선수생활을 하고 현역에서 은퇴했다. 2005년부터 하부리그에서 지도자 경험을 쌓고, 2011년에 옛 둥지 유벤투스 감독으로 취임했다. 유벤투스의 역사적 전통에 대해 잘 알고 있는 콘테는 비안코네리(백색과 흑색-옮긴이)의 유니폼을 입는 것에 대한 의미를 선수들에게 가르치며 팀에 좋은 긴장감을 조성했다. 첫해부터 무패로 리그 우승을 이루며 그대로 3연승을 달성했다. 특히 3년째에는 승점 102점이라는 압도적인 결과로 리그를 제패했다. 전술과 플레이를 중시하는 한편, 대학 졸업 시 심리학 논문을 쓴 이력으로 선수의 멘탈을 다루는 데 있어서 심리학 기법을 사용하기도 한다.

≫ 명승부

2013-14 시즌 CL 조별리그 최종경기였던 갈라타사라이전은 이기면 결승라운드 진출이 확정되는 상황이었다. 그러나 12월 이스탄불에서 열린 경기는 눈이 쌓이면서 전반 31분에 중단되어 다음 날 재경기가 치러지는 이례적인 상황이 전개되었다. 보통 조별리그 최종일 경기는 같은 시각에 열리는데, 이미 다른 카드가 종료되어 유벤투스는 비기기만 해도 진출이 확정되는 상황이 되었다. 이런 상황이 선수들의 정신력에 영향을 미쳤는지, 계속 눈이 내리는 날씨 때문에 경기가 잘 풀리지 않았고 결국 0-0으로 후반전에 돌입, 후반 44분에 갈라타사라이에게 극적인 역전골을 허용하면서 조별리그에서 탈락했다.

ⓘ 육성한 스타선수

안드레아 피를로 / 키웠다기보다는 재탄생시킨 명선수. 안첼로티 퇴임 이후로 잦은 부상 때문에 AC 밀란에서의 입지가 좁아졌다. 끝나가는 듯했던 선수경력이 콘테가 이끄는 유벤투스에서 다시 부활하면서 리그 3연승에 결정적인 역할을 해냈다.

폴 포그바 / 프랑스 출신 선수로, 맨체스터 유나이티드 유소년 팀에 입단한 후 출장기회를 얻고자 2012년에 유벤투스로 이적했다. 콘테는 재능이 탁월한 포그바를 계속 기용했다. 그 결과 세계에서 가장 높은 몸값을 자랑하는 선수 중 한 명으로 성장했다.

✱ 천적 및 라이벌

마시밀리아노 알레그리 / AC 밀란 감독과 리그는 콘테가 3연승으로 압도적이었다. 콘테 후임으로 유벤투스에 취임하면서 2관왕 및 CL 결승진출을 이뤘지만 "나였으면 더 많이 이겼을 것"이라며 콘테는 못마땅한 눈치였다.

체사레 프란델리 / 부상에서 회복해 대기선수로 명단에 올린 지 얼마 되지 않은 키엘리니를 프란델리가 국가대표팀에 소집하면서 대립했다. "한 마디 상의도 없는, 무례함의 극치."라며 비난했다.

Formation Case 01 | 유벤투스 (2013-14)

✓ Basic Formation

선수 특성을 100% 끌어내는 3-5-2

유벤투스다운 막강한 중원 압박으로 볼을 탈취해 역습하는 빠른 종방향 속공이 특기다. 한편 점유공격은 피를로를 경유하는 것이 주된 형태였다. 포그바와 비달은 대각선 앞에서 패스 중계지점에 들어가 피를로의 선택지를 늘려주는 한편, 수비 시에는 피를로의 양옆을 지키면서 활발한 움직임으로 공수 모두에 가담했다. 또한 피를로에게 마크가 붙어서 볼을 직접 찰 수 없을 때는 스리백의 양 사이드가 드리블로 종방향으로 볼을 넘기는 플레이도 주효했다. 선수의 특성에도 맞고 공격도 중시한 전술을 세운 콘테다운 포진이었다.

포메이션	[3-5-2]
프리 키커	피를로
빌드 업	점유, 투톱의 역습
주공격	측면공격, 종방향으로의 빠른 중앙돌파
수비영역 DF area의 고저	다소 낮음

✓ Special Formation

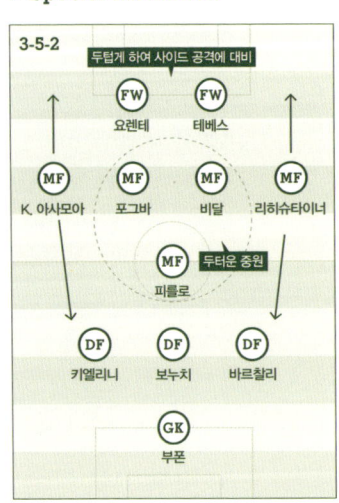

4-2-4와 4-3-3의 장점만을 취합

콘테는 본래 공격적인 4-2-4를 선호했다. 윙이 돌파하고 가운데 투톱과 반대 사이드의 윙이 크로스에 맞추는 측면공격이다. 취임 초기에는 이 시스템을 사용했으나 중원 세 선수의 능력을 살리기 위해 FW를 줄여서 4-3-3으로 변형했다. 그 후 정착한 시스템이 3-5-2였다. DF를 줄여 투톱으로 돌리고, 3명의 두터운 중원을 활용하면서 측면공격의 위력을 부활시켰다. 그 대신 양쪽 윙하프를 사이드의 상하로 이동시켜 최종라인의 수비와 최전방의 공격에 모두 가담시켰다. MF의 운동량에 부담이 가중되지만 선수의 개성을 살리는 배치라 할 수 있다.

Point!
테베스의 돌파력은 상대 팀에 그야말로 위협적이었다. 조직적인 공격뿐만 아니라 효율적인 역습이 주효했다.

Formation Case 02 | 이탈리아 국가대표팀(2016)

⋙ Basic Formation

테크닉보다는 인간성을 중시

유벤투스에서 3연승을 달성했으나 CL에서는 결승에 진출하지 못한 콘테는 2014-15 시즌을 앞두고 돌연 사퇴를 표명한다. 그리고 이탈리아 국가대표팀 감독으로 취임하면서 2016년 유럽축구선수권을 노리게 되었다. 여기서도 콘테가 선수들에게 요구한 것은 팀에 대한 헌신이었다. "테크닉보다는 인간성이 중요하다. 편하게 이기려는 선수는 필요 없다."고 단호히 말했다. 다소 높게 설정한 라인에서 촘촘한 수비로 볼을 탈취해 빠른 역습을 시도한다. 젊은 윙어들이 많은 현 이탈리아 국가대표팀의 장점을 최대한 살리면서, 견고한 수비와 측면공격을 무기로 한 팀 만들기에 나섰다.

포메이션	[4-2-4] [3-5-2] [4-3-3]
프리 키커	베라티, 피를로
빌드 업	쇼트카운터, 사이드전개
주공격	측면돌파로부터 크로스
수비영역 DF area의 고저	다소 높음

⋙ Special Formation

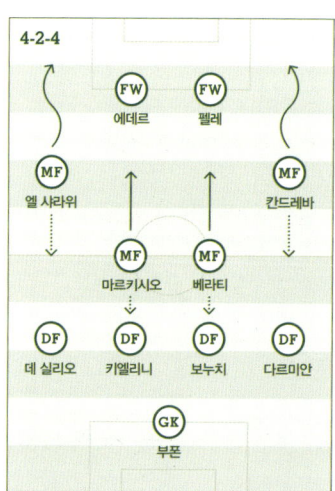

눈부시게 성장하는 윙을 활용

시스템 면에서 유벤투스 시절과 유사한 시행착오를 겪고 있다. 처음에는 익숙한 3-5-2부터 시작해 4-3-3과 4-2-4도 잇달아 도입했다. 열쇠를 쥐고 있는 것은 피를로. 미국 MLS로 이적한 37세의 플레이메이커를 본 대회에 소집할 것인가, 말 것인가. 주력으로 배치하지 않을 경우에는 하드워크가 가능한 베라티와 마르키시오를 센터하프에 배치하는 4-2-4를 쓸 가능성이 크다. 수비는 양쪽 윙이 내려가면 심플하고 안정된 4-4-2가 된다. 윙어가 두터운 현 이탈리아 팀에서 콘테는 피를로 시스템이 아닌 다른 모델을 선택할 가능성이 농후하다.

> **Point!**
> 발로텔리와 주세페 로시는 FW로 항상 이름이 거론되나 발로텔리는 악동이미지로, 로시는 부상으로 각각 늘 문제를 안고 있다.

나는 일제 카메라와 같다.
찍을수록 성능이 향상된다.
일본 자동차도 처음에는 별로였으나
지금은 어느 자동차보다 훌륭하지 않은가.

'땜장이'라는 별명을 가진
이탈리아의 노력가

클라우디오 라니에리
Claudio Ranieri

≫ 감독이 되기까지의 경력 · 배경 · 인물상

로마 출신으로 현역 시절 DF로 뛰었다. 1986년에 은퇴하면서 감독의 길로 들어섰다. 3부인 칼리아리를 세리에 A로 승격시킨 수완을 인정받아 그 뒤로 국내외 클럽에서 활약하게 된다. 발렌시아와 첼시, 유벤투스, 로마, 인터 밀란 등 수많은 클럽을 이끌었으나 리그 타이틀은 한 번도 차지하지 못해 '무관의 제왕'이라고 야유받기도 한다. 반면, 견고한 수비를 구축해내는 능력과 신사적인 인품을 높이 평가받아 시즌 도중에 해임된 감독의 후임으로 들어가, 무너지는 많은 팀들을 재건해 '땜장이'라는 별명이 있다. 그러나 그 성적이 오래가지 못해 본인도 2년을 못 넘기고 해임되고, 프리일 때 또 다른 오퍼를 받는 식의 사이클이 반복되고 있다.

≫ 명승부

2015-16 시즌도 개막 직전 갑자기 해임된 피어슨의 후임으로 레스터에 취임했다. 여기서 라니에리는 생애 최고의 업적이라고 할 수 있는 '팀의 재건'을 일궜다. 지난 시즌 한때 최하위를 기록하면서도 잔류에 성공한 팀을 수위로 올려놓으면서 전 세계를 깜짝 놀라게 했다. 여기서 중요한 역할을 해낸 것이 오카자키 신지였다. 4-4-2 포메이션에서 1선의 압박과 중원으로의 프레스 백으로 두 사람 몫을 톡톡히 해내면서 라니에리로부터 전폭적인 신뢰를 받았다. 오카자키의 홈 첫 득점은 30라운드 뉴캐슬전에서였다. 오버헤드킥으로 1-0의 결승골을 올려, 해외언론으로부터 "캡틴 츠바사(일본의 축구 에니메이션-옮긴이)의 골"이라며 찬사를 받았다.

 육성한 스타선수

지안프랑코 졸라 / 1991년에 취임한 나폴리에서 마약과 마피아에 연루되어 문제가 있던 만년의 마라도나 대신 '사르데냐의 마법사'라 불리던 졸라를 발탁했다. 2000년에 취임한 첼시에서도 자주 기용했다.

은골로 캉테 / 프랑스 2부 팀인 SM 캉에서 MF를 영입해온 것이 레스터 약진의 계기가 되었다. 라니에리는 당초 165cm로 왜소한 캉테에 회의적이었으나, 스카우터인 월시의 강력 추천으로 영입을 결심했다.

 천적 및 라이벌

조세 무리뉴 / 2004년 라니에리의 후임으로 첼시에 취임했다. 인터 밀란 시절에는 라니에리가 이끌었던 유벤투스, 로마와 수위를 다투었다. 이들은 서로 견원지간이었다. 2015년에는 레스터에 패한 것이 발단이 되어 두 번째로 첼시에서 해임되었다.

아르센 벵거 / 2016년 2월 수위 경쟁을 하며 대전했을 때 "라니에리에게는 진 적이 없다."고 말한 벵거에게 라니에리는 2004년 첼시가 CL 8강에서 2-1로 승리한 경기를 들면서 "그는 완전히 잊고 있다. 잘못을 바로잡아주겠다."며 웃었다.

Formation Case 01 | 로마(2009-10)

∨ Basic Formation

4-4-2

제로톱의 흔적만 남기고 수정

전임자 스팔레티가 발명한 "제로톱"은 4-2-3-1에서 최전방 토티가 중원으로 내려가고, 대신 2선이 침투하는 전술이었다. 그러나 개막 2연패로 스팔레티가 경질되고, 후임으로 들어온 라니에리는 4-4-2의 다이아몬드 형을 베이스로 선택했다. 사령탑인 피사로를 홀로 중원 아래에 배치해 전개력을 충분히 활용할 수 있게 했다. 투톱에 개인능력이 뛰어난 공격수를, 공격형 미드필더와 양쪽 인사이드하프에 운동량이 뛰어난 하드워커를 배치하여 투톱을 추월하는 침투로 제로톱의 흔적을 남겼다.

포메이션	[4-4-2]
프리 키커	피사로, 토티
빌드 업	피사로를 기점으로 한 점유, 사이드카운터
주공격	후방으로의 침투, 측면공격
수비영역DF area의 고저	낮음

∨ Special Formation

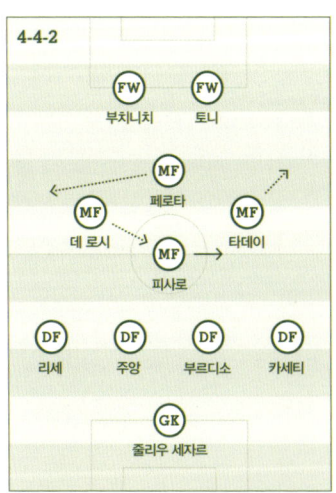

4-4-2

공수 가변 시스템으로 장점을 살려내다

4-4-2 다이아몬드 형은 상대 사이드백에 대한 수비에서 문제가 발생한다. 투톱이 분주하게 수비하는 타입이 아니었기 때문에 여기를 그냥 놔두면 피사로 주변에 생기는 공간이 위험해진다. 그래서 수비 시 페로타를 중원으로 내려서 플랫한 4-4-2로 변형했다. 데 로시가 피사로 옆으로 붙어서 측면과 중앙을 골고루 커버할 수 있도록 공수 가변 시스템을 사용했다. 이 포지션 체인지가 가능했던 것은 운동량이 풍부한 공격형 미드필더와 양쪽 인사이드하프 덕분이었다. 전술적으로 이 세 포지션이 가장 중요했다.

— Point! —
라니에리가 재건한 로마는 공식전 20전 무패와 리그 24전 무패로 클럽기록을 갱신했다. 한때 수위로 올라갔지만 최종적으로는 2위에 그쳤다.

Formation Case 02 | 레스터(2015-16)

❯❯ Basic Formation

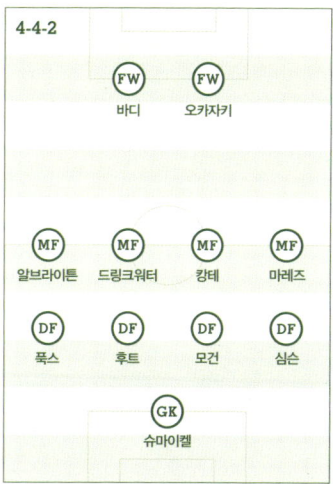

스피드와 운동량의 투톱 체제

취임할 때 전임자의 팀을 크게 바꾸지 않을 거라고 말했던 라니에리는 몇 가지 면에서 수정을 가했다. 피어슨은 1년 동안 10개의 시스템을 선별해 사용했다. 그러나 라니에리는 기본 시스템을 4-4-2로 고정했다. 또한 센터포워드는 체력과 공중전이 뛰어난 우조아에서 세컨드 스트라이커와 윙으로 기용되었던 바디로 교체했다. 비슷한 타입인 오카자키를 투톱으로 기용하면서 높이보다는 스피드와 운동량을 중시하는 새로운 역습스타일을 구축했다. 마레즈의 드리블돌파력도 더욱 살아나는 형태로 발전하고 있다.

포메이션	[4-4-2]
프리 키커	드링크워터, 마레즈
빌드 업	후방으로의 역습
주공격	드리블 중앙돌파, 사이드에서 크로스
수비영역DF area의 고저	고저 2단계

❯❯ Special Formation

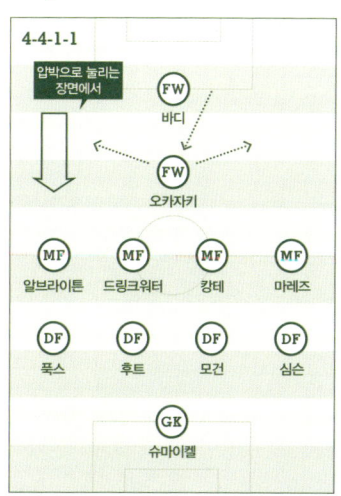

고저 2단계의 열쇠를 쥐는 오카자키

레스터의 수비는 고저 2단계가 확실히 구분된다. 높은 라인에서 공략할 틈이 있을 때는 투톱이 높은 라인에서 추격해 볼을 탈취하여 쇼트카운터를 노린다. 캉테의 볼 탈취력이 빛을 발하는 전개라 할 수 있다. 반대로 상대가 중원으로 빌드 업 해올 때는 오카자키가 프레스백해서 4-4-1-1로 변형한다. 디펜스라인을 내려서 대응하는 것이다. 후트와 모건은 공중전에 강하기로 프리미어리그에서도 유명하다. 한쪽 사이드로 몰고 가 상대방이 크로스를 올리게 만든다. 오카자키가 두 사람 몫을 해냄으로써 고저 2단계의 적극적이고 안정된 수비를 실현했다.

> **Point!**
> 레스터 선수들은 개성에 있어서 장점과 단점이 극명하다. 라니에리는 각 선수들의 장점을 살리는 밸런스를 찾아냈다.

축구에 과학이 끼어들 여지는 없다.
창의성이 없는 축구는
컴퓨터로 도박을 하는 것과 같다.
전혀 재미가 없다.

모국 이탈리아에 경종을 울리는 사나이
전술과 창의성의 황금비율을 모색하다

마시밀리아노 알레그리
Massimiliano Allegri

≫ 감독이 되기까지의 경력 · 배경 · 인물상

무명선수로 2003년 은퇴한 후 하부리그에서 지도자 경력을 쌓았다. 2008년 취임한 칼리아리에서 그해 최우수감독에게 주어지는 판키나 도로 Panchina d'Oro(황금벤치)상을 수상했다. 2010년에 취임한 AC 밀란에서는 첫해에 세리에 A를 제패했고, 2014년부터 유벤투스 감독을 맡고 있다. 전술은 치밀하지만 능력 있는 선수에게는 자유를 허락해 개성을 살려주는 타입이다. 지방 클럽에서 빅 클럽으로의 영전을 이룬 전술가 타입의 알레그리는 스타선수와 충돌해 실패하는 경우도 많지만 이러한 유연성은 그의 강점이다. 분석과 계획을 너무 중시한 나머지 선수의 창의성을 억압한 것이 이탈리아 축구가 범한 가장 큰 오류라 지적하며 이탈리아 축구에 경종을 울리고 있다.

≫ 명승부

유벤투스를 이끈 2014-15 시즌의 CL은 도르트문트와 레알 마드리드를 물리치고 클럽으로는 12년 만에 결승 진출을 달성한 대회였다. 국내리그와 컵을 제패한 바르셀로나와의 대결이 되었으며, 여기서 이긴 팀이 3관왕을 달성하는 정상결전이었다. AC 밀란 시절에는 바르셀로나를 격파하는 전술을 자주 선보였던 알레그리였으나, 전반 4분 퍼붓는 바르셀로나의 맹공에 선제점을 허용하고 만다. 그러니 후반 10분 멋진 쇼트카운터로 모라타가 골을 넣으면서 1-1 동점으로 따라잡는다. 그 후 수아레스와 네이마르의 추가 득점에 의해 1-3으로 아쉽게 패했으나, 이 준우승으로 부진이 계속되는 이탈리아 축구에 희망을 제시한 점은 높이 평가할 만하다.

ⓘ 육성한 스타선수

스테판 엘 샤라위 / 제노아의 유스팀에서 자랐으며, 2011년에 AC 밀란으로 이적했다. 왼쪽 사이드에서의 드리블과 슈팅이 주특기다. 호비뉴와 인자기 등 스타선수가 즐비한 가운데 젊은 선수기용에 적극적이었던 알레그리에 의해 출전기회가 주어졌다.

알바로 모라타 / 레알 마드리드에서 풀리지 않던 재능을 테베스와 엮으며 기용했다. 초기에는 세컨드 어태커인 두 사람을 투톱에 기용하는 것에 의문을 제기하는 목소리도 있었으나, 제대로 적중하면서 시스템 퍼즐의 명수다운 수완을 발휘했다.

✺ 천적 및 라이벌

안토니오 콘테 / 유벤투스를 이끌고 세리에 A를 3연승한 콘테의 후임을 맡게 되면서 여러 가지로 비교 당했다. 그러나 "내가 이끄는 유베였으면 2위와 승점이 20점 이상 차가 났을 것이다."라는 콘테의 발언에 알레그리는 눈길도 주지 않았다.

필리포 인자기 / 알레그리는 그를 벤치에 앉히는 경우가 많았다. 이 때문에 은퇴하고 유스팀 감독이 된 인자기가 "너 때문에 은퇴했다."라며 설전을 벌이는 장면이 목격되기도 했다.

Formation Case 01 | AC 밀란(2011-12)

≫ Basic Formation

단독이 아닌 세트로 세대교체

2010년 AC 밀란에 취임한 알레그리는 같은 시기 바르셀로나에서 영입한 즐라탄을 전술의 중심에 넣었다. 호비뉴와 함께 최전방에서 사이드로 움직이면서 볼을 잡아 1선에 기점을 만들었다. 공격형 미드필더에는 배후 침투를 잘하는 K. 보아텡을 기용해 1선의 볼 키핑력을 살렸다. 또한 중원 밑은 피를로에서 판 보멀로 교체했다. 최전방이 침투형에서 키핑형으로 바뀜에 따라 피를로는 더는 절대적인 선수가 아니었고, 이와 동시에 인자기의 출전기회도 급감했다. 세트로 세대교체를 실시한 것이 포인트였다.

포메이션	[4-1-2] [4-2-3-1]
프리 키커	즐라탄, 세도르프
빌드 업	종패스로 시작하는 1선의 포스트플레이
주공격	역습, 침투
수비영역DF area의 고저	높고 낮음을 구별해 사용

≫ Special Formation

재구축한 AC 밀란으로 바르셀로나 격파 성공

다음 시즌은 전력이 대폭 약화되었으나, CL 결승 16강에서 대전한 바르셀로나와의 1차전에서 2-0으로 승리했다. 메시를 비롯한 상대선수들을 촘촘한 포진으로 둘러싸 역습하는 데 성공했다. 전년도만큼의 재능 있는 선수가 없는 상황에서 공격의 맹위는 약화되었지만, 투톱에서 원톱으로 전환함으로써 조직적 수비력을 강화한 것이 주효했다. 전년도의 즐라탄을 중심으로 한 전술은 의존적인 축구라는 비판을 많이 받았다. 그러나 선수의 개성에 의존하는 것은 오히려 축구의 본질이라 할 수 있다. 중요한 점은 그 선수가 빠졌을 때 조직을 다시 재건할 수 있느냐 없느냐다.

---- Point! ----
알레그리는 바르셀로나를 상대로 1승 3무 4패의 성적을 거두었다. 상대를 곤경에 빠뜨리고 승리를 거둔 것은 가장 약체로 평가받은 팀이었다.

Formation Case 02 | 유벤투스(2014-15)

∨ Basic Formation

테베스와 모라타의 특징을 살리다

AC 밀란 시절에는 주로 벤치에 앉혔던 피를로를 유벤투스에서는 깊은 위치의 사령탑으로 기용했다. 즐라탄을 중심으로 전략을 세웠던 AC 밀란 때와는 달리, 테베스나 모라타와 같은 세컨드 어태커 형 투톱의 장점을 살리기 위해 발끝 점유와 후방으로의 침투를 위한 패스 공급력을 중시했다. 이 또한 알레그리의 유연한 조정술이라 볼 수 있다. 콘테 시절에는 격렬함과 강력함이 두드러진 팀이었으나 여기에 점유와 안정감이 더해졌다. 콘테가 사용한 스리백도 상대 팀에 따라서 또는 경기종반의 마무리 전술로 유연하게 도입했다.

포메이션	[4-4-2] [3-5-2] [4-3-3]
프리 키커	점유, 사이드카운터
빌드 업	점유 지향적. 쇼트패스를 연결함
주공격	스루패스, 드리블돌파, 쇼트크로스
수비영역(DF area)의 고저	다소 낮음

∨ Special Formation

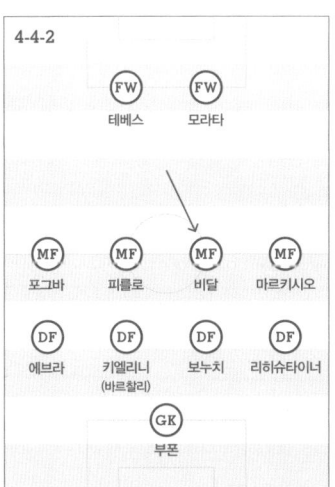

가변적 4-4-2 수비 시스템

역습으로 전환할 때 테베스와 모라타 중 하나가 상대 사이드백의 뒤를 노리고 측면으로 들어가 종패스를 유도했다. 이때부터 스피드와 돌파력을 발휘해, 후방에서 중원 선수가 침투해 들어간다. 그러나 이 시스템은 수비면에서 문제가 있었다. 테베스와 모라타를 1선에 남기면 올라오는 상대 사이드백을 케어할 선수가 없었다. 포그바나 마르키시오가 올라가면 피를로 주위에 큰 공간이 생긴다. 이러한 이유 때문에 자기진영을 수비할 때는 운동량이 풍부한 공격형 미드필더인 비달이 볼란테 라인으로 내려가 플랫한 4-4-2로 변형해 수비했다.

— Point! —
공간이 열린 상태에서 난타전이 되면 비달의 부담이 늘어난다. CL 결승전에서 바르셀로나에 추가골을 허용할 때도 이러한 문제가 발생했다.

창의적인 선수를 키워내려면
성장 과정에서 표현의 자유를 허용할 필요가 있다.

이제는 보기 드문 매니저 감독
예술지향성을 현실축구에 조화시키다

아르센 벵거
Arsène Wenger

≫ 감독이 되기까지의 경력 · 배경 · 인물상

현역 시절 프랑스에서 프로선수로 뛰었으나 크게 눈에 띄지는 않았다. 1981년부터 지도자 생활을 시작하여 1987년부터 모나코, 1995년에 나고야 그램퍼스를 잠시 거쳐 1996년에 아스날 감독으로 취임했다. 기술과 창의성 있는 젊은 선수들을 적극적으로 기용하며 교육자와 같은 발언을 자주한다. 선수들의 태만한 사생활과 느슨해진 분위기를 바로잡으며 20년에 걸친 장기 집권을 이룩해냈다. 잉글랜드에서는 전통적으로 감독에게 선수 보강을 비롯한 모든 권한을 위임했는데, 이러한 감독들을 '매니저'라 부른다. 그러나 최근에는 분업화가 진행되고 외국인 감독이 늘어나면서 매니저는 감소추세에 있다. 퍼거슨이 용퇴한 지금 벵거는 몇 안 되는 매니저형 감독 중 한 명이다.

≫ 명승부

벵거의 아스날은 CL을 제패한 경험이 없어 유럽전에 약하다는 인상이 있다. 최대 기회는 2005-06 시즌이었다. 레알 마드리드와 유벤투스, 비야레알을 차례로 격파하고 바르셀로나와의 결승까지 안착했다. 그러나 전반 18분 GK 레만이 퇴장당하는 위기에 직면한다. 그럼에도 37분 FK로 캠벨이 선제골을 넣으면서 기의 우승을 확정짓는 듯 했으나, 역시 70분 이상을 10명으로 완봉하기란 불가능했다. 후반 31분 에토, 36분 벨레티에게 차례로 골을 허용하면서 일생일대의 기회를 놓치고 만다. 그 이후 결승까지 간 시즌은 없었으며, 2003-04 이후로 리그 우승과도 인연이 없다.

🛈 육성한 스타선수

티에리 앙리 / 모나코 유스에서 당시 감독이었던 벵거가 발탁해 1군 데뷔시킨 선수. 윙 포지션에서 잘 안 풀리고 있던 그를 1999년 아스날로 영입해 스트라이커로 재능을 꽃피우게 했다.

세스크 파브르가스 / 16세 때 바르셀로나 B팀에 있던 그를 벵거가 스카우트하면서 8시즌을 아스날에서 활약했다. 스페인은 18세 이전에는 프로계약을 할 수 없고, 잉글랜드에서는 16세부터 가능하다. 법망의 허점을 노린 형태의 스카우트가 되었다.

✱ 천적 및 라이벌

알렉스 퍼거슨 / 프리미어리그를 대표하는 명감독으로 대전을 거듭했다. 마치 프로레슬링을 보는 듯한 미디어를 통한 설전은 여러 감독들이 등장하는 잉글랜드의 명물이다. 그 대표격이 두 감독의 설전이었다.

조세 무리뉴 / 독설가로 유명한 무리뉴는 벵거에 대해서는 그 정도가 특히 심하다. 승리지상주의 사나이에게 승패와는 전혀 상관없어 보이는 교육과 사회규범을 중요시하는 벵거는 눈엣가시와 같은 존재였다.

Formation Case 01 | 아스날 (2003-04)

∀ Basic Formation

4-4-2

매력이 넘치는 무적

26승 12무 무패로 리그 우승을 이루면서 무적invisibles이라 불렸던 시기다. 각 포지션에 세계 최정상급 선수들이 포진하고, 유동성과 스피드가 뛰어난 공격력으로 전 세계 축구팬들을 매료시켰다. 취임 당시 '1-0의 아스날'이라고 불릴 정도로 수비 중심이었던 팀을 벵거는 완전히 탈바꿈하는 데 성공했다. 이때 중요한 역할을 해낸 것이 탄탄한 기술력을 가진 두 센터하프였다. 비에라는 뛰어난 신체능력을 활용한 플레이로, 지우베르투 시우바는 뛰어난 위치 선정 능력으로 공수 양면에 안정감을 심었다.

포메이션	[4-4-2]
프리 키커	피레스, 베르캄프, 에두
빌드 업	사이드 중심의 스피드 돌파
주공격	스루패스, 얼리 크로스, 중거리 슛
수비영역DF area의 고저	다소 높음

∀ Special Formation

4-4-2

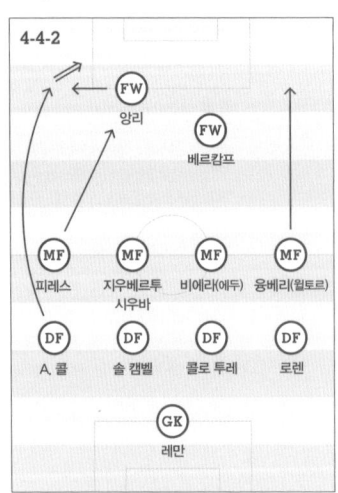

위협적인 돌파력의 왼쪽 사이드 3단 공격

오른쪽 사이드는 종방향으로 찌르는 심플한 공격이 많았으나, 왼쪽 사이드는 보다 높은 유동성으로 공격의 중심역할을 해냈다. 역습과 같이 공간이 비는 장면에서는 상대 SB의 뒤편 최전방으로 앙리가 들어가며 재빠른 드리블로 커트인 슈팅을 노렸다. 이것이 어려우면 그 뒤에서 피레스가 돌파를 시도하고 원투나 얼리 크로스 등으로 재빠르게 수비라인의 후방을 찔렀다. 이 또한 어려우면 후방에서 사이드백인 A. 콜까지 오버랩하면서 끊임없이 공격을 시도했다. 왼쪽 사이드는 선수가 교대로 바뀌면서 맹공했다.

— Point! —
절정기만큼의 득점력은 없었지만 베르캄프의 허를 찌르는 플레이는 아스날의 빠른 종방향 공격에 양념과 같은 효과를 가져왔다.

Formation Case 02 | 아스날(2015-16)

∨ Basic Formation

새로운 무적을 목표로

벵거 전술의 메인은 공격적인 스피드다. 발끝 패스를 신속하게 연결하여 상대 문전을 두드린다. 이 하이템포 공격을 구현해내기 위해 훈련에서는 자동화된 콤비네이션의 침투를 중시한다. 무패의 우승 이후 축구계에는 빅 머니가 투입되기 시작했고, 자금부족으로 전력유지가 어려워진 아스날은 젊은 선수를 육성하는 방침으로 전환했다. 그러나 전술방침은 그대로 유지해 이에 맞는 선수들을 영입했다. 오래 동안 타이틀과 거리가 멀었으나, 2012년부터 전력 보강에 적극 나서면서 2013-14 시즌부터는 2년 연속으로 FA컵을 제패했다.

포메이션	[4-2-3-1] [4-1-4-1]
프리 키커	외질, 카소를라, 산체스
빌드 업	역습. 점유
주공격	스루패스, 측면돌파, 세트피스
수비영역DF area의 고저	다소 낮음

∨ Special Formation

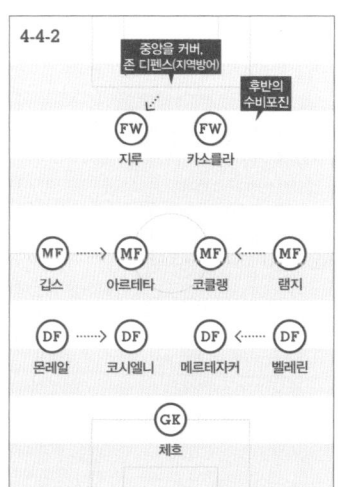

승부에 전념하는 경기운영

2014년부터 아스날은 팀의 특징이었던 하이템포를 수정하면서 점수에 따라서 속도를 늦추는 경기운영을 보이기 시작했다. 내려가서 중앙을 커버하는 지역방어로, 상대가 패스를 주고받게 하면서 역습을 노리는 등 현실적인 전술을 선보이고 있다. 2015-16 시즌의 커뮤니티실드에서는 14번째 대전에서 처음으로 무리뉴가 이끄는 첼시에 승리했는데, 이는 결코 우연이 아니다. 체임벌린이 넣은 골로 선제점을 올리자 수비형 선수를 투입해 수비를 강화하며 1-0으로 이겼다. 아스날도 변하고 있는 것이다.

---- Point! ----

첼시에서 영입한 GK 체흐는 장신과 기술력을 활용한 압도적인 방어능력으로 팀을 위기에서 구하고 있다.

나는 최고의 팀을 만들었으나 프랑스인 중에서 최고의 23명을 뽑은 것은 아니다.

밸런스를 중시한
현실주의적 스타일

디디에 데샹
Didier Deschamps

≫ 감독이 되기까지의 경력 · 배경 · 인물상

현역 시절 리피가 이끄는 유벤투스의 중원을 맡으며 지칠 줄 모르는 체력으로 종횡무진하는 모습 때문에 '마라톤맨'이라 불렸다. 2001년 은퇴하자마자 곧장 모나코 감독으로 취임했다. 2003-04 CL에서는 비록 결승에서 무리뉴의 포르투에 패하기는 했으나 값진 준우승을 달성해냈다. 그 후 유벤투스와 마르세유를 거쳐 2012년부터 프랑스 국가대표팀 감독을 맡으며 2016년 유럽축구선수권에 도전한다. 이탈리아 축구로부터 영향을 받았다는 그는 마구잡이로 공격하다가 그대로 무너지는 것을 선호하지 않는다. 1-0이라도 일단 승리가 무엇보다 중요하다. 샴페인 축구와는 다른 철학으로 밸런스가 잡힌 견고한 축구를 전개한다.

≫ 명승부

2003-04의 CL 조별리그, 홈에서 대전한 데포르티보와의 경기에서는 프르소가 4골을 넣는 등 공격진이 대폭발하며 난타전이 된 경기를 8-3으로 제압했다. 1경기에서 8골로 CL 사상 최다 골을 기록했고, 경기 당 두 팀을 합친 11점도 당시로서는 최고 기록이었다. 조별리그에서 격돌한 모나코와 데포르티보는 그대로 4강까지 올라갔다. 결론적으로 두 팀 모두 무리뉴의 포르투에 패하면서 언론의 주목을 받지 못했으나, 모나코는 레알 마드리드와 첼시를, 데포르티보는 유벤투스와 밀란을 격파, 빅 클럽이 부재한 시즌을 연출해낸 것은 대단한 위업이었다.

🛈 육성한 스타선수

제롬 로텡 / 모나코에서 크게 도약한 왼발잡이 공격수. 정확한 크로스와 FK가 주특기다. 어느 날 경기가 끝나고 데샹을 향해 '게이'라고 욕을 했는데, "데샹은 전혀 뒤끝이 없었다."며 그의 관대함에 감탄했다고 한다.

페트리스 에브라 / 원래 FW였으나 돌파력 있는 왼발잡이 사이드백으로 능력을 꽃피웠다. 세계적으로 높은 평가를 받게 되면서 스승으로 존경하는 데샹 밑에서 뛰었다. 2005년에 데샹이 모나코에서 경질되자 바로 맨체스터 유나이티드로 이적을 결정했다.

✳ 천적 및 라이벌

로랑 블랑 / 데샹과 함께 프랑스 국가대표팀의 중핵을 맡았다. 데샹이 취임하기 전에 프랑스 국가대표팀을 이끌었으나 2012년 유럽축구선수권에서 스페인에 패하며 8강에 머물렀다. 데샹은 2014년 월드컵에서 독일에 패하며 8강에 머물렀다.

마르첼로 리피 / 데샹은 콘테, 파울로 소자와 함께 리피가 이끄는 유벤투스를 지탱했다. 페라라를 비롯한 리피의 많은 제자들이 감독이 된 것은 매우 흥미롭다. 특히 중원의 세 선수는 모두 감독으로서 눈부신 실적을 올렸다.

Formation Case 01 | 모나코 (2003-04)

≫ Basic Formation

3년차에 물이 오른 팀으로 성장

취임 첫해인 2001-02는 리그 15위로, '대상이 아니었으면 해임되어야 할 순위'로까지 떨어졌으나 2년째에 4-4-2의 측면공격이 중심인 전술로 바꾸면서 2위로 크게 약진했다. 베테랑 선수들을 방출하고 젊은 선수로 세대교체를 한 것도 성공적이었다. 이렇게 맞이한 3년째인 2003-04 시즌에 CL 출전을 이루더니 준결승까지 올라갔다. 정확한 왼발의 로텡과 적극적인 공격가담을 주특기로 하는 에브라의 왼쪽 측면은 강력한 파괴력을 자랑했다. 오른쪽 측면은 지울리의 지능적인 침투가 빛났다. 하드워크를 지향하는 팀으로, 높은 DF 라인과 압박에 의한 쇼트카운터가 무기였다.

포메이션	[4-4-2] [4-2-3-1] [4-3-3]
프리 키커	로텡
빌드 업	쇼트카운터, 점유
주공격	후방으로의 침투, 측면공격, 세트피스
수비영역 DF area의 고저	다소 높음

≫ Special Formation

중원을 두텁게 한 포르투전

데샹은 경기에 따라 프르소를 사이드로 이동시키고 지울리를 공격형 미드필더로 기용하는 등 다채로운 변화를 시도했다. CL 결승인 포르투전에서는 운동량이 풍부한 마니시와 기술과 창의력이 뛰어난 데코를 공격형 미드필더에 배치한 상대 팀의 장점에 맞서기 위해 4-4-2가 아닌 4-3-3을 채택하면서 프르소 대신 시세를 투입해 중원을 3볼란테로 두텁게 했다. 그러나 전반 23분 지울리의 부상교체로 핵심선수를 잃으면서 선제골을 허용하고 만다. 그후 무리뉴의 주특기인 역습에 의해 2실점하면서 0-3으로 무릎을 꿇었다.

Point!
화제를 모은 데샹의 모나코에서 에브라와 지울리, 마르케스 등 많은 선수들이 성장해 빅 클럽으로 둥지를 떠났다.

Formation Case 02 | 프랑스 국가대표팀 (2015-16)

≫ Basic Formation

양쪽 인사이드하프가 심장

2012년 취임 후 다양한 시스템을 시도한 결과 4-3-3으로 정착했다. 팀의 심장은 마투이디와 포그바였다. 양쪽 인사이드하프가 운동량을 활용해 끊임없이 공수에 가담한다. 기본적으로 공격은 1선의 3명을 자유롭게 움직이고, 수비는 11명에서 하드워크를 담당한다. 밸런스를 중시한 시스템은 스승인 리피의 팀과 매우 흡사하다. 실적을 내는 스타선수 팀이지만, 벤제마의 발부에나 협박사건 등 경기장 안팎에서 사건들이 끊이지 않는다. 이러한 팀의 지휘관으로 카리스마와 규율을 겸비한 데샹 외에는 적임자를 찾기가 어렵다.

포메이션	[4-3-3]
프리 키커	발부에나, 마투이디
빌드 업	두터운 중앙을 활용한 점유
주공격	측면공격에서의 크로스, 침투
수비영역DF area의 고저	다소 낮음

≫ Special Formation

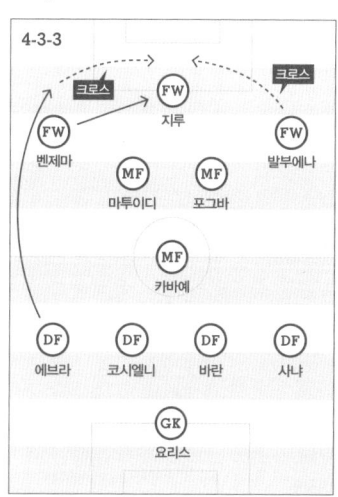

1선 3인을 구별해 사용

많은 움직임으로 발끝에 볼을 끌어들이는 벤제마에게 타겟맨 타입의 장신 FW 지루를 붙이는 진용은 매우 믿음직스럽다. 벤제마를 원톱으로 배치할 경우 벤제마가 넓게 공간을 이동하고 그리즈만이 대신 들어오며 커튼 하는 등 1선의 움직임에 유동성이 생긴다. 또한 공중전에 강한 지루가 원톱으로 들어갈 경우 측면공격으로부터 들어오는 크로스가 한층 더 위협적이다. 자유롭게 움직이는 1선의 3명을 어떻게 조합하느냐에 따라 공격에 다양성이 생긴다. 대전 상대와 시간대에 따라 구별해 사용할 수 있다는 점이 매우 큰 강점이다.

> **Point!**
> 자국에서 개최되는 2016년 유럽축구선수권을 앞두고 팀워크는 한층 더 무르익었다. 이제는 경기장 바깥의 문제들만 남았다.

나는 에너지 넘치는 스타일을 원한다.
보다 영국적인 것이다.
그러나 경기는 끊임없이 멈춘다.
선수는 일부러 넘어지며, 심판들도 이를 허용한다.

안에서 지키고 밖으로 공격하는
밸런스를 중시하는 단단한 축구

데이비드 모이스
David Moyes

≫ 감독이 되기까지의 경력 · 배경 · 인물상

스코틀랜드 출신 감독이다. 선수 시절 두드러진 활약은 없었다. 22세에 코치 자격증을 취득하며 일찍이 지도자를 꿈꾸었다. 1998년에 하부리그인 프레스턴에서 경력을 쌓기 시작했다. 2002년에 취임한 에버턴에서 두각을 나타내기 시작하면서 퍼거슨과 벵거에 이어 장기집권을 이뤘다. 상기 두 팀 모두 시즌 도중 강등의 위기에 처한 클럽을 위기로부터 구해냈다. 선수에게 기합과 투쟁심을 주입시켜 그가 이끈 클럽은 '성실한 일꾼들'로 표현되기도 한다. 그러나 2013년에 취임한 맨체스터 유나이티드에서는 본래 '잔류청부사' 전문인 모이스의 방식이 베테랑 선수들의 반발을 사면서 결국 경질되고 말았다.

≫ 명승부

비록 타이틀은 획득하지 못했으나, 그럼에도 모이스가 평가받는 이유는 한정된 예산 안에서 최고의 결과를 만들어내기 때문이다. 그런 의미에서 볼 때 2007-08 시즌은 하나의 전환기였다고 할 수 있다. 에버턴 감독으로 취임한 이후로 15위, 7위, 17위, 4위, 11위, 6위로 잔류에는 성공했지만 성적의 부침이 심했다. 그러나 07-08 시즌에는 5위까지 올라가면서 그 후로 퇴임할 때//까시 안정직으로 힌 지리 수의 순위를 유지했다. 이것이 가능했던 큰 요인은 스카우트에 있었다. 유망하지만 아직 세간에 알려지지 않은 선수를 영입해 에버턴에서 활약시켰다. 재능이 꽃피지 않은 젊은 선수부터 하향추세의 베테랑 선수까지, 많은 선수들이 '모이스 공장'에서 자신의 가치를 높였다.

🅘 육성한 스타선수

마루안 펠라이니 / 에버턴에서 모이스의 총애를 받았다. 원래 수비형 MF지만 FW로 기용되기도 했다. 194cm의 장신을 활용한 공중전의 타게터로 나섰다. 애제자는 유나이티드로 이적할 때까지 함께 했다.

리온 오스만 / 2000년에 에버턴의 하부리그에서 승격한 프랜차이즈 MF. 임대이적 후 2004년부터 팀의 중심 선수가 되었다. 2014년 클럽의 프리미어리그 최다출전기록을 갱신했다.

✷ 천적 및 라이벌

알렉스 퍼거슨 / 모이스는 레전드의 대를 이어받았으나 1시즌도 못되어 경질되었다. 장기 프로젝트로 감독위임을 받은 것으로 생각했던 모이스의 실망은 매우 컸다. 에버턴 시절부터 퍼거슨과 벵거의 뒤를 열심히 쫓았지만, 대를 이어받고도 넘지 못했다.

웨인 루니 / 에버턴 시절부터 견원지간이었다. 루니가 자신의 자서전에 이에 대해 기술한 것이 법적분쟁으로까지 이어졌고, 결국 모이스가 배상금을 받아냈을 정도다. 유나이티드 취임이 결정되었을 때 앙금이 남아 있는 루니의 방출이 예상됐으나 잔류로 가닥을 잡았다.

Formation Case 01 | 에버턴 (2008-09 시즌)

≫ Basic Formation

4-4-1-1

폭발력은 약하지만 견고한 수비

모이스는 가장 잉글랜드다운 4-4-2 또는 4-4-1-1을 선호하는 지휘관이다. 무리하게 연결하지 않고 1선으로의 롱볼을 장신인 펠라이니가 기점으로 만들었다. 공중으로 띄움으로써 자기진영에서 위험해질 수 있는 볼 로스트를 피했다. 그리고 측면공격을 크로스로 연결함으로써 측면돌파에 실패하더라도 역습을 당할 위험을 줄였다. 최종적으로 펠라이니나 공중전에 강한 180cm의 장신 케이힐이 슈팅으로 마무리했다. 득점 폭발력은 약했으나 견고한 이 수비 전술로 하위나 중견급 팀을 상대로 안정적인 성적을 거두었다.

포메이션	[4-4-1-1] [4-1-4-1] [4-4-2]
프리 키커	베인스, 아르테타
빌드 업	롱볼, 카운터
주공격	측면공격, 세트피스
수비영역DF area의 고저	낮음

≫ Special Formation

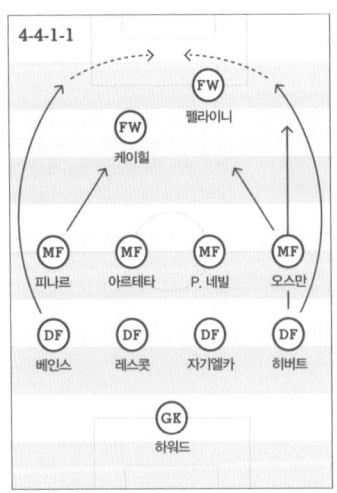

4-4-1-1

포지션을 고정시켜 임무를 완결

모이스 축구는 너무 수비적이고 지루하다고 평가받는 경우가 간혹 있다. 이는 포지션이 붕괴되는 것을 허용하지 않는 전술적인 규율에서 비롯된 것이다. 모이스는 측면 선수는 측면에서, 중앙 선수는 중앙에서 각각 자신의 임무를 완결해낼 것을 요구한다. 예를 들어 왼쪽 측면 선수가 오른쪽으로 들어가거나, FW가 중원으로 내려가는 식의 유동성이 전혀 없다. 반면에 수비 밸런스가 좀처럼 무너지지 않고 안정감이 높아지는 장점이 있다. 그의 축구스타일은 유동성과 대척지점에 있다. 선수 개인에게는 자신만의 특기보다는 공수 양면에서의 종합적인 밸런스를 요구한다.

> **Point!**
> 세트피스도 중요한 득점원이었다. 오른편의 아르테타와 왼편의 베인스는 모두 프리미어리그 굴지의 정확도를 자랑했다.

Formation Case 02 | 맨체스터 유나이티드(2013-14)

⋙ Basic Formation

변화가 없는 전술, 동기부여에도 실패

유나이티드로 영전한 이후에도 모이스 축구에는 변화가 없었다. CL 결승에서 바르셀로나에 두 번 패했던 퍼거슨은 전술의 현대화에 의욕적이었으나 모이스는 아니었다. 플레이 지역을 고정시키는 축구를 전개해 미디어로부터 '창의적인 선수를 질식시킨다'며 비난을 받았다. 모이스는 야외활동에 의한 동기부여 방법도 간혹 사용했다. 그러나 공원에서 훈련하는 기발한 아이디어는 베테랑 선수에게 동기부여보다는 오히려 반축을 사게 되면서, "우리는 아마추어가 아니다."라는 강한 반발심만 일으켰다.

포메이션	[4-2-3-1] [4-4-1-1] [4-3-3]
프리 키커	루니, 판 페르시
빌드 업	점유
주공격	측면공격, 크로스
수비영역DF area의 고저	다소 낮음

⋙ Special Formation

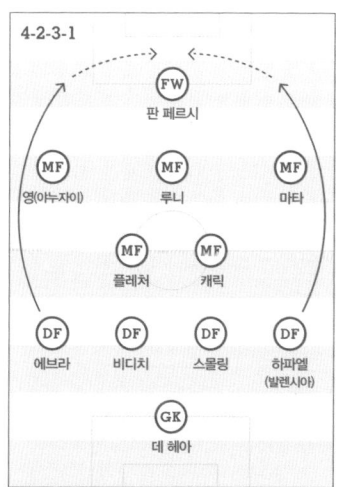

풀럼전에서 기록한 81개의 크로스

1년도 채우지 못한 모이스 유나이티드에 있어서 나쁜 의미로 상징적인 시합이 된 경기가 바로 최하위 팀 풀럼과의 경기였다. 자기진영에서 나오지 않는 풀럼에 대해 모이스는 철저하게 크로스를 지시했다. 이 경기에서 유나이티드는 프리미어리그 신기록이 된 81개의 크로스를 때렸다. 그러나 크로스는 골로 연결되지 못했고 오히려 풀럼에 선제골을 허용하고 말았다. 모이스 유나이티드가 통하지 않은 가장 큰 이유는 대전 상대에 있었다. 빅 클럽인 유나이티드를 상대하는 팀은 대개 수비전술로 맞서는 경우가 많았다. 수비위주인 상대를 무너뜨리는 전술에 대해 모이스는 겸정적으로 대비하지 못했던 것이다.

— Point! —
자존심 강한 선수들의 마음을 얻는 것과 수비중심으로 나오는 상대를 무너뜨리는 전술, 이 두 가지에서 실패한 모이스 축구는 빅 클럽과 맞지 않았다.

아리고 사키
Arrigo Sacchi

칼럼 2

축구를 변화시킨 남자 "근대 축구의 아버지"라 불리는 이탈리안

크루이프 외에도 축구 발전에 커다란 족적을 남긴 감독이 있다. "근대 축구의 아버지"라 불리는 이탈리아인 아리고 사키다.

1986년부터 AC 밀란을 이끈 사키는 세리에 A에서 어마어마한 돌파력을 선보이는 마라도나를 봉쇄하는 전술이 필요했다. 아무리 강력한 맨투맨을 붙여도 마라도나는 너무나 쉽게 빠져나왔다. 그에게는 소용없었다. 그래서 나온 전술이 바로 1대 1이 아닌 수비 블록을 만들어 볼의 움직임에 대해 선수 전원을 상하좌우로 연동시켜 이동하는 지역방어를 기반으로 한 전술이었다.

이 전술에 따라 골을 노리는 마라도나의 범위를 촘촘하게 좁히고, 1대 1이 아닌 여러 명에서 덤벼 볼을 빼앗았다. 또한 그 블록은 높은 라인에서 압박해 상대의 볼이 나오는 지점부터 차단하므로 결과적으로 마라도나를 게임에서 배제시킬 수 있었다. 설령 볼을 터치당하더라도 골문과는 거리가 멀기 때문에 위험이 적은 영역에서 둘러싸듯 지역방어를 펼쳤다. 콤팩트한 블록을 연동시켜 압박하는 콘셉트 자체는 예전에도 존재했다. 그러나 플랫한 스리라인의 4-4-2를 체계적인 전술로 완성시킨 것은 사키의 위업이라 할 수 있다.

아군 선수 간의 높은 밀도를 유지시키기 위해 사키는 선수들을 밧줄로 연결해 훈련을 실시했다. 밧줄로 연결하면 서로의 거리가 일정하게 유지되므로 시종일관 빈틈없는 포지셔닝이 가능하다. 이 움직임을 지속하는 데는 체력과 주파력이 중요하다. 따라서 기술과 창의력으로 승부하는 판타지스타 타입의 선수들은 팀에서 점차 설 자리를 잃어갔다.

당시에는 이 같은 팀의 세세한 규율을 거부하는 선수들이 지금보다 훨씬 많았다. 그러나 프로선수 경험이 없었던 사키는 선수 개인의 입장보다는 자신의 전술을 관철시켰다. 이렇게 그는 근대 축구의 '엄한 아버지'가 되었다.

크루이프의 점유철학이 과르디올라에게 계승되었듯이, 사키의 전술 또한 많은 지도자들에게 연구하는 계기를 만들었다. 사키가 구축한 AC 밀란을 물려받은 카펠로는 물론, 이탈리아 국가대표팀에서 사키의 조감독을 맡은 안첼로티, 리피, 알레그리, 클롭 등 여러 감독들이 사키의 지역방어에 많은 영향을 받았다.

| 유럽 축구감독 칼럼 2 |

위 / 큰 소리로 지시를 내리는 사키. 쟁쟁한 멤버들을 이끌고 이탈리아 국가대표팀에서 좋은 성적을 거두었다. **아래** / 이 시기의 AC 밀란에는 사키가 고안해낸 전술을 실천할 수 있는 멤버가 많았다.

Chapter 3
개성파 個性派

요한 크루이프와 같이 축구 세계에는 결과와 타이틀로는
측량할 수 없는 가치를 창출해내는 감독들이 있다.
그들에게 있어서 축구란 단순히 승부를 가리는 운동이 아닌, 삶 그 자체다.
아무리 경기에서 패하더라도, 결코 그 걸음을 멈추지 않는다.
전술에 대한 독자적인 철학을 철저하게 실천하는 8명의 감독을 소개한다.

Unique

마르셀로 비엘사 Marcelo Bielsa
위르겐 클롭 Jürgen Klopp
파코 헤메스 Francisco Jémez
앨런 파듀 Alan Pardew
루이 판 할 Louis Van Gaal
거스 히딩크 Guus Hiddink
즈데넥 제만 Zdenek Zeman
루치아노 스팔레티 Luciano Spalletti

축구에는 125가지 패턴이 있다.
그런데 126번째를
도저히 찾아낼 수가 없다.

엘 로코(기인)라 불리는
전술 덕후 지휘관

마르셀로 비엘사
Marcelo Bielsa

≫ 감독이 되기까지의 경력 · 배경 · 인물상

의사와 정치가 가문에서 태어났으나 어려서부터 축구를 좋아해 축구선수가 되었다. 그러나 25세의 이른 나이에 조기 은퇴해 지도자의 길을 걷기 시작했다. 아르헨티나와 멕시코에서 지휘봉을 잡은 뒤 1998년 아르헨티나 국가대표팀 감독으로 취임했다. 2002년 월드컵에서는 조별리그에서 고배를 마셨으나, 2004년 아테네 올림픽에서는 아르헨티나 국가대표팀 감독으로 금메달을 차지했다. 전술 '덕후'인 비엘사는 전 세계의 축구 경기를 보며 분석을 거듭한 결과 축구 전술에는 125가지 패턴이 있음을 발견했다. 그런데 126번째 전술은 도저히 찾을 수가 없다고 한다. 축구는 응원하는 이들로 하여금 열광하게 만드는 매력이 있어야 한다고 믿으며, 스스로의 이상적 이념에 있어서 전혀 타협하지 않는 굳은 신념을 가진 감독이다.

≫ 명승부

2011-12 시즌에는 아틀레틱 빌바오를 이끌고 EL과 스페인 국왕컵 모두 결승까지 올라갔다. EL 결승은 아틀레티코 마드리드, 국왕컵은 바르셀로나와 치렀는데, 모두 0-3으로 대패했다. 그러나 EL에서는 맨체스터 유나이티드와 샬케, 스포르팅 리스본 등 강호팀들을 잇따라 격파해냈다. 현재와 같은 글로벌 바람 속에서 바스크 순혈주의를 고수하며 상대적으로 노장팀이 된 빌바오를 또다시 월드클래스로 끌어올린 수완은 높이 평가받을 만하다. 바르셀로나를 지휘한 과르디올라는 비엘사에 감탄하며 그를 세계 최고의 감독이라고 칭송했다.

ⓘ 육성한 스타선수

하비에르 마스체라노 / 리버 플레이트 유스팀에서 자란 선수로, 1군 데뷔를 하기도 전에 2003년 비엘사가 국가대표선수로 발탁했다. 국가대표팀으로 먼저 발탁된 드문 사례가 되었다.

헤라르도 마르티노 / 뉴웰스 올드 보이스에서 비엘사에게 지도받은 자타 공인 비엘사의 제자. 바르셀로나에서 1시즌을 지휘하고 2014년부터 아르헨티나 국가대표팀 감독을 맡고 있다.

✹ 천적 및 라이벌

펩 과르디올라 / 과르디올라는 크루이프와 메노티 그리고 비엘사로부터 지대한 영향을 받았다. 국왕컵 결승과 리그전에서 빌바오와 혈전을 벌이면서 "이렇게 용맹무쌍한 팀은 여지껏 본 적이 없다."고 비엘사를 극찬했다.

디에고 시메오네 / 아르헨티나 국가대표팀에서 비엘사의 가르침을 받은 시메오네는 볼이 없는 곳에서의 움직임을 지도하는 감독의 일에 대해 많은 것을 배웠다. EL 결승에서는 혈전 끝에 스승의 빌바오를 격파했다.

Formation Case 01 | 아르헨티나 국가대표팀(2002)

∨ Basic Formation

측면공격을 중시한 3-3-1-3

비엘사는 1998년에 취임한 아르헨티나 국가대표팀에서 이름을 널리 알렸다. 2002년 월드컵 본 대회에서는 비록 조별리그 탈락의 고배를 마셨지만, 남미예선전에서는 무적의 강력함으로 우승 후보 영순위로 예측되었다. 측면에 종방향으로 3명을 배치하는 3-3-1-3을 채택하여 수적 우위를 살려 돌파하거나, 자유로운 오르테가와 클라우디오 로페스가 드리블로 공격을 시도했다. 반면 중앙의 인원이 부족하기 때문에 공격형 미드필더는 광범위하게 움직여 공수 모두에 가담하는 운동량과 판단력이 요구되었다. 이러한 이유로 아이마르나 리켈메가 아닌 베론을 투입하여 단순하게 측면으로 볼을 배급했다.

포메이션	[3-3-1-3]
프리 키커	베론
빌드 업	측면으로의 전개
주공격	드리블, 측면공격에서 크로스
수비영역DF area의 고저	다소 낮음

∨ Special Formation

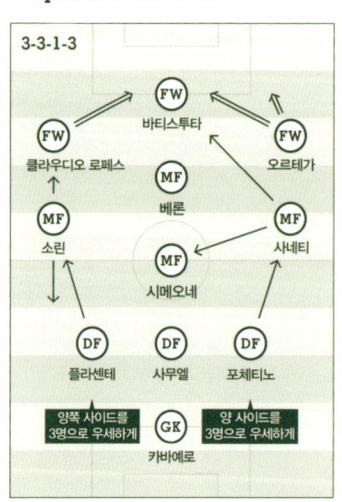

소린과 사네티가 열쇠

전술상의 키 포지션은 양쪽 윙하프였다. 왼쪽의 소린은 운동량을 살려서 상하이동을 반복하며 스리백이 할 수 없는 폭을 커버했다. 한편 오른쪽의 사네티가 똑같이 움직이면 파이브백이 돼버리므로, 사네티는 중앙 커버에 중점을 두었다. 동시에 일부러 오른쪽 사이드의 높은 라인으로 올라가지 않고 오르테가를 고립시킴으로써 드리블러인 오르테가가 개인기를 마음껏 발휘할 수 있게 했다. 2002년의 패배는 바로 직전에 아얄라가 부상으로 이탈하면서 최종라인이 약해진 것이 결정타가 되어, 오웬의 기량이 폭발한 잉글랜드의 속공에 속수무책으로 당하고 말았다.

— Point! —

2002년에는 비록 탈락했으나 비엘사의 지도력은 높이 평가되면서 바로 경질되지는 않았다. 이는 2004년 아테네 올림픽 우승으로 이어졌다.

Formation Case 02 | 아틀레틱 빌바오(2011-12)

⍉ Basic Formation

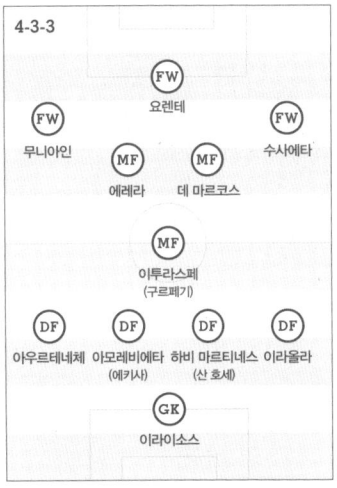

안으로 무너뜨리는 측면공격으로 일관

킥 앤 러시의 잉글랜드 스타일이 대명사였던 빌바오 축구를 발끝 패스를 사용한 점유 스타일로 바꾸어놓았다. 비엘사는 선수들에게 드리블 트레이닝을 반복시켜 공간 활용법을 몸에 배게 만들면서 단기간에 축구를 변화시켰다. 4-3-3이지만 측면에 3명을 배치해 무너뜨리는 것은 어느 시스템에서나 동일했다. 서로 대각선으로 교차하며 침투하는 움직임을 반복시키고, 외곽으로부터의 단순한 크로스가 아니라, 페널티 에어리어의 내측으로 깊게 파고드는 측면공격에 주력했다. 후방으로 보내는 크로스로부터 득점기회를 많이 만들어냈다.

포메이션	[4-3-3] [3-4-3]
프리 키커	수사에타, 데 마르코스
빌드 업	점유, 쇼트카운터
주공격	사이드 콤비네이션, 후방으로의 크로스
수비영역DF area의 고저	높음

⍉ Special Formation

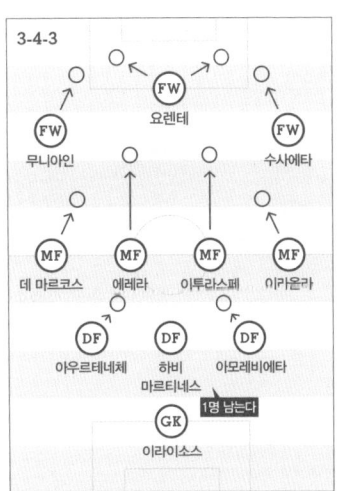

맨투맨 수비를 끼워 넣다

비엘사의 수비는 맨투맨이 원칙이다. 유일하게 최종라인에만 1명의 수적 우위를 만들고, 원톱인 요렌테가 상대 팀 DF 2명을 맡았다. 나머지 포지션은 모두 1대 1로 수비했다. 이 원칙을 유지하기 위해 상대가 원톱이면 자신들은 포백4Back을 구사하면서 센터백을 2명으로 하고, 상대가 투톱이면 스리백으로 태세를 전환했다. 경기 전에는 이처럼 대전 상대의 시스템을 예상하며 압박하는 순서를 볼 없이 반복했다. 다만 1대 1 마크가 풀려 공수 전환에 틈이 생기면 단번에 문전까지 뚫리고 말았다.

> **Point!**
> 몸값을 높인 하비 마르티네스는 클럽 사상 최고액인 400억 원의 이적료를 남기고 바이에른으로 이적했다.

개성파 個性派

축구의 생명력에 매력을 느낀다.
내 팀원들에게도 이를 전하고 싶다.
에너지는 늘 충분하다.
쉬운 길로 가야겠다는 생각은
단 한 번도 해본 적 없다.

팀에 투쟁심을 주입시키는
게겐 프레싱의 선구자

위르겐 클롭
Jürgen Klopp

≫ 감독이 되기까지의 경력·배경·인물상

현역 때는 대부분의 시간을 마인츠에서 보내고 2001년 은퇴한 후 같은 클럽 감독으로 취임했다. 2003-04 시즌 클럽 사상 최초로 분데스리가 승격을 이루어내면서 지금의 마인츠의 토대를 다졌다. 그리고 2008-09 시즌에 장기간 중위권에 머무르던 도르트문트 감독으로 취임했다. 많은 젊은 선수를 발탁하여 클럽을 변혁한 결과 3시즌 째인 2010-11 시즌에 분데스리가에서 우승을 차지했다. 다음 시즌 연승을 달성하고 2012-13 시즌에는 CL 결승전까지 올라갔다. 볼을 다시 뺏는 게겐 프레싱을 기반으로 하드워크를 요구하는 것으로 유명하다. 2015-16 시즌 도중부터 리버풀 감독으로 취임했다.

≫ 명승부

리그 2연패를 달성하고 맞이한 2012-13 시즌은 레알 마드리드를 물리치고 CL 결승전까지 올라갔다. 전년도의 CL에서 조별리그 패퇴로 끝난 교훈을 살려서 홈경기와 원정경기, 대전 상대에 따라 전술을 유연하게 사용한 것이 주효했다. 독일팀 간의 대결이 된 결승전은 1-2로 바이에른에 패하면서 준우승에 그쳤다. 그러나 클롭은 "이는 실망으로 물들일 기억이 아니다."라고 강조했다. "다시 오지 않을 기회라는 생각은 잘못된 것이다"라고 말하면서 곧바로 평소 생활로 전환시켰다. 당시 주위로부터 많은 위로와 격려를 받았으나 클롭은 그런 말들을 듣고 선수들이 과거로 돌아가는 일이 없도록 독려한 것이다.

🛈 육성한 스타선수

가가와 신지 / J2 세레소 오사카에서 이적료 제로로 영입한 일본인을 클럽은 적극적으로 기용했다. 실적이 전무했던 가가와가 세계적 지명도를 얻게 된 배경을 논할 때 클롭과의 사제관계를 빼놓고 말할 수 없다.

마츠 훔멜스 / 드리블과 종방향 패스 등 빌드 업 능력이 뛰어난 센터백. 바이에른 유스팀에서 자랐으나 2008년에 출전기회를 노리고 도르트문트로 임대 이적했다. 클롭은 19세였던 그를 주전으로 정착시켰으며, 이는 완전 이적으로 이어졌다.

✺ 천적 및 라이벌

요제프 하인케스 / 레버쿠젠과 바이에른 감독 시절 클롭의 도르트문트와 맞붙었고, 도르트문트에 리그 2연패를 허용했다. 그때의 분함을 선수들에게 전하기 위해 라이벌의 영상을 보여주며 선수들을 분발시켰고, 2012-13 시즌에는 트레블을 달성했다.

펩 과르디올라 / 과르디올라의 점유 전술에 대해 클롭은 한발도 물러서지 않는 압박으로 맞섰다. 둘 다 공격적이지만 내용이 전혀 다른 철학이 충돌하면서, 격렬하고 흥미진진한 게임이 벌어졌다.

Formation Case 01 | 도르트문트(2012-13)

∀ Basic Formation

4-2-3-1

전술의 핵심인 게겐 프레싱

볼을 잃으면 바로 전력질주해서 볼을 되뺏는 게겐 프레싱은 클럽의 대명사라 할 수 있다. 다시 뺏은 볼을 재빨리 원톱으로 보내서 직선으로 골을 노린다. 점유로 공격을 진압하는 방법은 볼을 지키기 위해 상당한 운동량을 요구한다. 이것이 바로 도르트문트가 1경기 당 120km를 꾸준히 넘기는 세계 최고수준의 주파거리를 자랑할 수 있는 이유다. 이 전술에 적합한 인재를 양성하기 위해 하부 리그에서도 똑같은 시스템과 전술을 사용했다. 젊은 선수 기용을 선호하는 클럽이 스카우트하기 용이한 환경을 조성한 것이다.

포메이션	[4-2-3-1] [3-5-2]
프리 키커	로이스
빌드 업	다이렉트 패스, 역습
주공격	크로스, 스루패스, 중거리 슛
수비영역DF area의 고저	다소 높음

∀ Special Formation

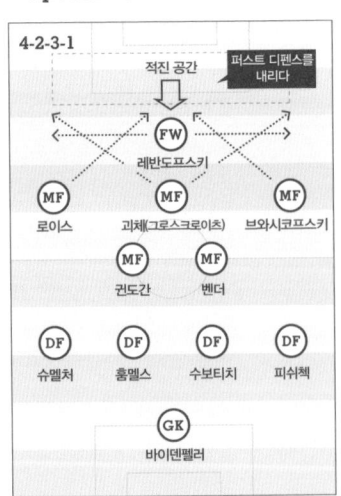

4-2-3-1

리트리트retreat를 병용하여 적응력을 향상

게겐 프레싱을 전술의 핵심으로 사용했으나 도르트문트는 전년도 CL에서 벽에 부딪쳤다. 다시 뺏기 위해 볼을 둘러싸는 순간 상대가 공중으로 롱볼로 걷어차내며 틀에서 벗어나버렸다. 볼의 정확도가 떨어져도 해외 톱 클럽의 FW들은 개인기로 어떻게든 볼을 지켜내며 역습을 해왔다. 국제무대 2년차였던 클럽은 같은 전철을 밟지 않기 위해 원정경기와 상대의 전력, 스코어 상황에 따라 라인을 내리고 대기하면서 상대 진영에 공간을 열어놓은 상태로 레반도프스키를 중심으로 한 롱카운터를 썼다.

— Point! —

CL 준결승인 레알 마드리드전에서는 레반도프스키가 4득점으로 폭발하면서 단번에 월드클래스 선수가 되었다.

Formation Case 02 | 리버풀(2015-16)

∀ Basic Formation

정반대의 클럽 전술로 각성하다

2015년 10월 해임된 로저스 후임으로 리버풀에 취임했다. 그의 취임은 정체된 리버풀을 각성시키는 계기가 되었으며 첫 경기부터 리그 최고수준의 운동량을 기록했다. 클롭 전술과는 정반대의 점유전술 위주의 팀이었으나 전체적으로 정체된 분위기였다. 따라서 개성이 강한 지휘관의 전술전환은 긍정적으로 받아들여졌다. 초반에는 기세뿐인 압박으로 경기 내용이 따분한 경우가 많았으나, 따라붙는 수비의 원칙과 콤팩트한 조직력을 조금씩 팀에 주입하면서 '3년 안에 타이틀을 획득하는 것'을 목표로 세웠다.

포메이션	[4-2-3-1] [4-1-4-1] [4-4-2]
프리 키커	쿠티뉴, 랄라나
빌드 업	쇼트카운터, 점유
주공격	후방으로의 침투, 측면공격, 얼리 크로스
수비영역DF area의 고저	높음

∀ Special Formation

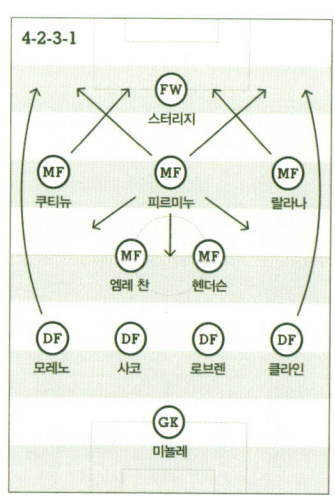

점유 공격도 도입

시즌 후반 도르트문트에서 클롭이 해결해야 할 가장 큰 과제는 라인을 내린 상대에 대한 공격법이었다. 공간을 내주지 않으면 클롭 전술은 위협적이지 않다고 대전 상대들이 알아채기 시작하면서 도르트문트는 고전을 면치 못하게 되었다. 1차 목표는 압박이지만 상황에 따라서는 점유로 상대 수비를 움직여서 공간을 만들어내는 공격도 필요하다. 여기서 키 맨은 공격뿐만 아니라 틈새에 들어가 볼을 유인해내는 오프더볼 능력이 뛰어난 피르미노였다. 유동적으로 움직이면서 상대 수비를 따돌리며 공간을 만들어냈다. 스터리시의 잦은 부상은 아쉬웠다.

> **Point!**
> 개막 전 약 630억 원을 지불해 영입해온 벤테케는 피르미노와는 정반대로 움직임이 적은 FW로 클롭 전술과는 궁합이 나빴다.

실패하는 선수가
도전하지 않는 선수보다 훨씬 낫다.

리스크마저 삼켜버리는 뚝심
초공격적 스타일은 심술일체

파코 헤메스

Francisco Jémez

≫ 감독이 되기까지의 경력 · 배경 · 인물상

현역 시절에는 긴 머리를 휘날리며 맹렬히 싸우는 센터백이었다. 스페인 국가대표로도 뛰었으며, 2001년에 일본과 붙어서 1-0으로 승리한 게임이 국가대표가 된 마지막 경기였다. 2006년에 은퇴하며 지도자의 길로 들어섰다. 하부리그에서 실적을 내고 2012년에 1부 라요 바예카노로 취임하면서 리그 최저수준의 강화예산으로 팀을 8위와 12위, 11위로 3시즌 연속 중위권으로 약진시켰다. 리스크도 마다하지 않는 용맹한 축구 스타일로, 5~6골 실점하는 경기도 허다하다. 스킨헤드와 점유 위주의 공격적인 축구로 현역 시절과는 다른 면모를 보이고 있다. 또한 수비중심의 팀에 대해 "차마 눈 뜨고 볼 수 없다."며 잘라 말하는 등 자유분방한 발언으로도 유명해 물의를 일으키기도 한다.

≫ 명승부

2013-14 시즌의 바르셀로나전에서는 라요가 점유율에서 51%로 상회한 것이 큰 화제가 되었다. 레이카르트가 이끄는 바르셀로나가 2008년 엘 클라시코에서 44%를 기록한 이후로는 5년 이상 점유율에서 진 경기가 없었는데, 이를 작은 클럽인 라요가 해낸 것이다. 파코 헤메스의 완강한 철학이 드러난 사건으로, 2015-16 시즌에도 55%로 크게 상회했다. 단, 마르티노나 엔리케가 지휘하는 바르셀로나는 과르디올라 시절보다 역습에 힘을 기울이며 상황에 따라서는 라인을 내려 수비하는 것도 불사했기 때문에 그 수치가 꼭 승패와 연관되는 것은 아니었다. 실제로 두 경기 모두 라요가 대패했다.

 육성한 스타선수

로베르토 트라쇼라스 / 바르셀로나 유스팀에서 자란 플레이메이커. 패스 갯수와 성공률은 늘 리그 최고수준이다. 사비와 같은 동세대 재능 있는 선수들 사이에 묻혀있었으나, 파코 헤메스 밑에서 비약적으로 성장했다. 볼 탈취 등 수비에서도 크게 활약하는 라요의 심장이다.

나초 / 아틀레티코 유스팀에서 자란 왼쪽 사이드백. 하부리그를 전전했으나 2012년 라요 B에서 파코 헤메스에게 등용되어 1군 경기에 출전했다.

 천적 및 라이벌

루이스 엔리케 / 현역 시절 선수로도 맞붙었던 상대. 감독 초기에는 엔리케가 바르셀로나 B를, 헤메스가 라스 팔마스를 이끌고 대결을 벌였다. 라요 감독으로는 엔리케가 셀타와 바르셀로나 감독일 때 대전을 벌였다. 서로 존경심을 갖는 좋은 라이벌이다.

지네딘 지단 / 지단은 당초 프로 라이센스가 없는데도 레알 B 조감독이라는 명목 하에 실질적인 지휘봉을 잡고 있었다. 불의를 못 참는 헤메스는 지단에 대한 예외적인 대우를 맹비난했다.

Formation Case 01 | 라요(2012-13)

∨ Basic Formation

용맹하게 맞서는 롤러코스터 팀

전력 면에서 열세인 빅 클럽을 상대로 리스크가 두려워 소극적으로 싸운다면 기껏해야 무승부밖에 되지 않는다. 승점 3점은 없다. 파코 헤메스 축구는 처음부터 끝까지 용맹하게 맞서 싸우는 축구다. 높게 설정하는 최종라인 그리고 볼 로스트를 겁내지 않고 철저하게 발끝으로 연결하는 점유를 기반으로 상대가 어떤 클럽이라도 정면 돌파를 시도한다. 그 결과 대량실점으로 패하는 경우도 많아 '롤러코스터'라 야유받기도 했다. 그러나 자신의 철학을 관철시켜 얻어낸 당당한 패배는 언젠가 반드시 다른 경기에서 빛을 발할 것이라고 헤메스는 굳게 믿고 있다. 그가 틀리지 않았음은 연간 통산성적이 증명한다.

포메이션	[3-5-2] [4-2-3] [4-3-3]
프리 키커	트라쇼라스
빌드 업	점유, 쇼트카운터
주공격	측면공격, 콤비네이션
수비영역DF area의 고저	높음

∨ Special Formation

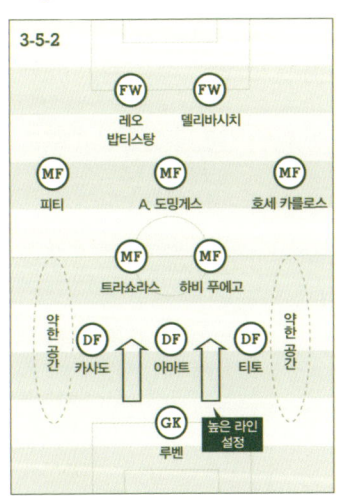

스리백에 의한 심술일체의 팀 구축

취임 당시에는 스리백으로 팀에 시동을 걸었다. DF가 1명 부족한 상태에서 보다 높게 라인을 올리도록 지시했다. 실점할 때마다 예상했던 대로 선수들로부터 '라인을 내려달라, 포백으로 바꿔달라'는 말을 들었다. 그러나 파코 헤메스는 흔들림 없이 "너희는 아직도 실수를 두려워하고 있다. 실력의 반도 채 발휘하지 못했다."라면서 일부러 리스크가 큰 스리백을 고집하고 자신의 축구철학을 심술일체로 완수해냈다. 스리백은 사이드를 공략당하면 무너진다. 우수한 윙어가 많은 상대 팀, 예를 들어 레알 마드리드나 바르셀로나는 포백을 사용했지만 초기에는 팀의 전술 축으로 스리백을 사용했다.

Point!

2015년에 라요가 중국 국가대표 FW 장첸동을 영입하기로 결정하자 스폰서의 강압이라며 강하게 비난했다. 자신의 거취에 대해서도 두려움이 없다.

Formation Case 02 | 라요(2015-16)

≫ Basic Formation

4-2-3-1

완고한 철학이 사람을 끌어들이다

예산이 적은 클럽이 기대 이상의 성적을 거두면 어떻게 될까? 이런 클럽은 오프시즌이 되면 '선수 물갈이'의 장이 된다. 라요도 예외는 아니었다. 매년 10명 이상의 선수가 바뀌었다. 그런 환경에서 팀을 제대로 운영하기란 매우 어려운 일이다. 그러나 파코 헤메스가 해낼 수 있었던 이유는 그의 용맹한 철학에 공감한 선수들이 파코 밑에서 뛰겠다며 모여들었기 때문이다. 또한 하부리그에도 일관된 철학을 주입해 젊은 선수를 선발하기 쉽게 만들었다. 결과를 두려워하지 않고 용맹하게 싸우는 완고한 철학은 다양한 이점을 가져왔다.

포메이션	[4-2-3-1]
프리 키커	트라쇼라스
빌드 업	점유, 쇼트카운터
주공격	측면공격, 콤비네이션
수비영역DF area의 고저	낮음

≫ Special Formation

4-4-2

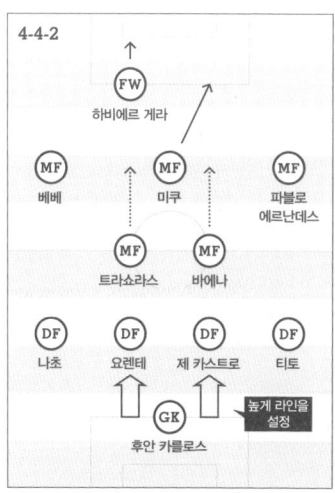

공수 모두 가변 시스템으로

기본 시스템은 4-2-3-1이다. 공격 시 상대의 압박을 받으면 바에나가 내려가고 양쪽 사이드백 티토와 나초가 중원으로 올라가 스리백으로 변형된다. 측면으로의 넓은 전개를 활용해 공격수를 살린다. 또한 수비는 높은 라인에서 상대를 압박하고 라인을 높게 유지하는 것이 팀의 규칙이다. 공격형 미드필더도 가세해 투톱처럼 상대 센터백을 압박하고, 연동해서 더블볼란테가 앞으로 나간다. 상대가 GK로 볼을 넘기면 더욱 추격한다. 공수 모두 특별하지는 않으나, 리스크를 인정하고 철저하게 전술을 따르는 것이 특징이다.

---- Point! ----

파코 헤메스의 리스크 철학은 일관된다. 퇴장선수가 생기더라도 DF를 줄여서 FW를 투입할 정도다.

축구로 호흡하고
축구를 사랑한다.
여기는 그런 도시다.
좋은 일도 나쁜 일도 일어날 수 있다.

개방적이며 열정적인 성격
슬럼프에 빠진 선수를 밀어주다

앨런 파듀
Alan Pardew

>> **감독이 되기까지의 경력 · 배경 · 인물상**

유리직공과 택시운전기사로 일하며 아마추어 MF로 뛰었다. 그 후 2부 리그인 크리스탈 팰리스와 계약하면서 팀의 1부 승격에 공헌했다. 현역 만년 시절 선수 겸 코치가 되면서 1999년에는 레딩을 지휘했다. 그리고 2003-04 시즌 2부로 강등된 명문 웨스트햄에 스카우트되고, 2년째에 플레이오프로 승격을 이뤘다. 선수에서 한 계단씩 차분히 밟아 올라간 지휘관으로, 마침내 프리미어리그 감독이 되었다. 열정을 그대로 드러내며 선수들과 함께 경기를 싸워내는 박력 넘치는 성격의 소유자다. 선수들을 열린 마음으로 대하며, 자유롭게 소통하는 분위기를 조성한다. 그러나 2014년 뉴캐슬에서는 그런 성격이 도리어 역효과를 냈다. 화를 참지 못하고 상대 선수를 박치기하는 바람에 7경기 벤치출입 금지처분을 받았다.

>> **명승부**

2009년 12월 휴튼이 해임되면서 뉴캐슬 감독으로 취임했다. 경험이 풍부한 감독을 영입하려는 클럽의 요구에 따른 것이었다. 그런데 선수와 서포터들에게 지지받았던 전임감독과 달리, 서포터 중의 겨우 2%만이 파듀의 취임에 찬성했다. 파듀 또한 주변의 반대를 무릅쓰고 결단한 일이었다. 그러나 첫 경기부터 리버풀에 3-1로 승리하면서 6경기 만에 승점 3점을 획득했다. 아스널전에서는 전반전 0-4로 크게 뒤진 상황에서 후반에 4골을 넣으며 경기를 무승부로 만들었다. '포기는 없다'가 신조인 파듀의 강한 집념이 불신감을 순식간에 잠재웠다.

🛈 육성한 스타선수

윌프레드 자하 / 코트디부아르에서 태어나 어릴 때 런던으로 이주한 FW. 맨체스터 유나이티드에서 좀처럼 출전기회가 주어지지 않자 옛 팀인 크리스탈 팰리스로 복귀했다. 파듀의 도움으로 자신감을 되찾아 다시 활약하고 있다.

셰이크 티오테 / 코트디부아르에서 자라 유스 시절 유럽으로 건너간 수비형 MF. 2010년부터 뉴캐슬에서 뛰고 있다. 파듀 밑에서 장기인 볼 탈취력을 살려 포지션을 획득했다.

✸ 천적 및 라이벌

마누엘 페예그리니 / 뉴캐슬 시절 2014년에 파듀가 방송금지용어를 사용하며 페예그리니에게 욕설을 퍼부어 경기가 끝나고 사죄편지를 쓰기도 했다. 크리스탈 팰리스로 이적한 2015년에는 제4심판에게 항의하는 파듀와 페예그리니가 한바탕 붙기도 했다.

조세 무리뉴 / 이니셜이 P로 시작되는 감독에게 패한다는 'P의 저주' 징크스가 있는 무리뉴는 첼시에서 경질당한 2015-16 시즌 초반 파듀의 크리스탈 팰리스에 패했다. 징크스의 불길한 흐름은 진행 중이다.

Formation Case 01 | 뉴캐슬(2011-12)

≫ Basic Formation

4-4-2

중원의 볼 탈취력이 돋보이다

시즌 도중 취임한 첫해를 무사히 보내고 맞이한 다음 2011-12 시즌은 약진의 해가 되었다. 개막부터 11전 무패(7승 4무)로 상승 세를 타면서, 비록 CL 출전권은 놓쳤으나 개인적으로 최고 성적인 5위로 마무리했다. 수비는 콜로치니 중심으로 멤버를 고정시켜 환상적인 호흡을 선보였다. MF에도 헌신적인 수비를 요구했다. 특히 트벤테에서 영입한 티오테의 볼 탈취력이 돋보였다. 이처럼 수비형 MF가 확실하게 볼을 뺏으며 완벽하게 수비해주면 최종라인은 MF에게 앞공간을 맡기고 후방에만 집중할 수 있다.

포메이션	[4-4-2] [4-3-3]
프리 키커	카바예
빌드 업	역습, 롱볼
주공격	드리블돌파, 침투, 크로스
수비영역(DF area의 고저)	다소 높음

≫ Special Formation

4-4-2

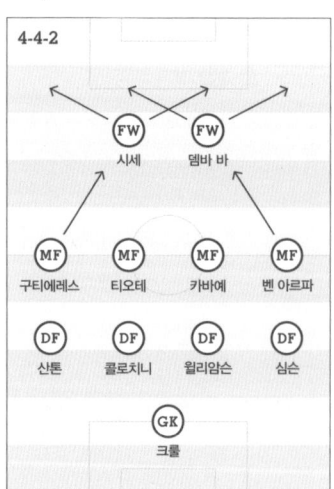

강력한 FW를 활용한 역습

세네갈 국가대표인 시세와 뎀바 바는 체력과 골 결정력이 뛰어난 강력한 투톱이다. 볼을 뺏으면 재빠르게 역습으로 공간을 찌르고, 1선의 침투와 연동해 벤 아르파와 구티에레스가 공격에 가담했다. 파듀는 난해한 전술을 사용하지 않으며, 밸런스를 크게 깨지 않는 단순한 공격을 선호한다. 따라서 공격수의 개인능력에 의존하는 바가 크다. 선수에게는 투쟁심을 갖고 플레이할 것을 요구한다. 1시즌에 받은 경고는 67회로 리그에서 세 번째로 많으나 퇴장은 2회에 불과해, 격렬한 몸싸움을 절묘하게 조절해냈다.

> **Point!**
> 릴에서 영입한 카바예가 플레이메이커로 정확한 패스를 전개하며 공격의 기점이 되었다.

Formation Case 02 | 크리스탈 팰리스(2015–16)

≫ Basic Formation

4-2-3-1

강력한 양쪽 윙이 공격의 중심

2014–15 시즌의 전반에는 뉴캐슬을 지휘하다가 후반에 크리스탈 팰리스로 이적했다. 새 팀에서 10위로 시즌을 마무리했는데, 두 팀에서 파듀가 획득한 승점을 계산하면 8위에 해당되어 그 수완은 높은 평가를 받았다. 강한 체력과 투철한 투쟁심으로 단단한 팀을 만들어내는 경향은 뉴캐슬 시절과 변함이 없다. 자하와 볼라시, 양쪽 윙어에 대해 파듀는 '로번과 리베리에 결코 뒤지지 않는다'며 칭찬했다. 특정선수의 개인능력에 의존하는 경향이 여전히 강하며, 팀 성적이 불안정한 것은 부인하기 어렵다.

포메이션	[4-2-3-1] [4-4-2]
프리 키커	카바예, 펀천
빌드 업	역습, 측면돌파
주공격	프리킥, 파워풀 어택, 세트피스
수비영역DF area의 고저	높음

≫ Special Formation

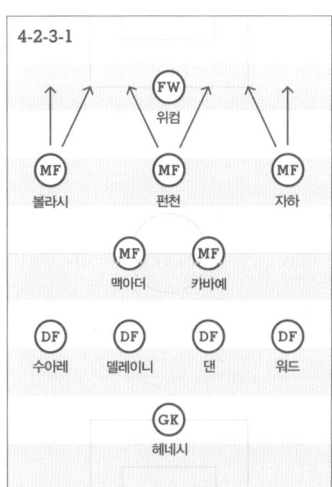

4-2-3-1

문전으로 밀고 들어가는 파워풀한 공격

파리 생제르맹에서 카바예를 영입한 파듀는 절친한 이 MF에게 플레이메이커 역할을 맡겼다. 펀천은 원래 측면 공격수였으나 공격형 미드필더로 이동시키고, 장신 FW인 위컴을 정점으로 2선 선수들이 문전으로 밀고 들어갔다. 박진감 넘치는 공격은 빅 클럽의 DF조차 막지 못하고 무너지는 경우가 적지 않았다. 이렇듯 파워로 밀어붙이는 파듀 팀은 어이없는 패배로 승점을 놓치는 경우가 많았는데, 그 반면에 빅 클럽에는 강한 면모를 보였다. 오른발잡이 카바예와 왼발잡이 펀천의 세트피스는 매우 강력한 무기가 되었다.

— Point! —
멤버를 고정시키는 경향이 강하여 컵 대회에서 연승하면 리그에서 패가 쌓이는 딜레마가 있다.

축구 사상 굴지의 전술가 중 한 명
절대적인 관리 축구를 추구하다

루이 판 할
Louis Van Gaal

≫ 감독이 되기까지의 경력 · 배경 · 인물상

암스테르담 출신으로 네덜란드 클럽에서는 MF로 뛰었다. 1987년 은퇴한 뒤 아약스의 벤하커 밑에서 어시스턴트를 역임하고 1991년부터 감독으로 취임했다. 리그 3연승과 CL을 제패하면서 명장으로 이름을 날리기 시작했다. 그 후로는 바르셀로나와 네덜란드 국가대표팀, AZ, 바이에른 감독을 역임했다. 감독으로서의 자긍심이 강하며, 어느 클럽에서나 전술의 섬세함과 선수의 자유를 제한하는 지도방침에는 변함이 없다. 준비와 배치의 의도는 명확하나 종종 탁상공론이 되면서 생각한 대로 경기가 풀리지 않기도 한다. 결과를 중시하며 밸런스가 무너지는 것을 기피하므로 선수가 도전정신을 발휘하지 못하고 교착상태에 빠지는 경기도 많다.

≫ 명승부

결과는 내지만 심중팔구 스타선수들과 충돌한다. 이 때문에 '자유를 박탈당한 선수는 로봇이나 마찬가지'라며 팬들로부터 야유를 받기도 한다. 그러나 두 번째로 네덜란드 국가대표팀을 이끌었던 2014년 월드컵에서는 지난 대회 우승자인 스페인을 5-1로 격파하는 등 비약적인 성장세로 4강까지 올라가면서 다시 주가를 올렸다. 본래부터 젊은 선수를 선호하며 네덜란드 국가대표팀에서도 많은 젊은이들을 기용해왔다. 그 이유가 과연 전술가답다. 베테랑 선수는 다양한 전술들에 노출되어 있어 경험에 따른 창의성이나 즉흥성이 발휘되기 쉬우므로 판 할의 전술 침투에 방해가 된다. 스펀지처럼 흡수하는 젊은 선수를 선호하는 것은 전술가로서 팀 만들기가 수월하기 때문이다.

❶ 육성한 스타선수

펩 과르디올라 / 판 할은 자기가 생각한 정답 외에는 절대 인정하지 않는다. 그리고 왜 그것이 옳은지에 대해 명확하게 설명한다. 볼란테를 2명 배치하는 수비중심의 방침에 이견은 있었으나 바르셀로나에서 지도받으며 판 할로부터 전술의 기본을 배웠다.

달레이 블린트 / 부자父子 모두 판 할의 제자다. 아버지 대니는 90년대 아약스에서, 아들 달레이는 아버지가 코치를 맡은 네덜란드 국가대표팀에서 지도를 받았다. 달레이는 그 후 맨체스터 유나이티드에서도 사사했다.

✸ 천적 및 라이벌

조세 무리뉴 / 바르셀로나에서는 통역 겸 코치로 사사했다. 전술은 물론 절대적으로 내가 옳다는 자신감 면에서 큰 영향을 받았다. 서로 3관왕을 걸고 임했던 2009-10 CL 결승에서는 인터 밀란을 이끈 무리뉴가 판 할의 바이에른을 누르고 우승했다.

로날드 쿠만 / 바르셀로나에서 판 할의 어시스턴트를 역임할 때까지는 사이가 좋았으나, 아약스 취임 시 테크니컬 디렉터였던 판 할과 충돌했다. 사제관계는 더 이상 회복이 불가능할 정도로 악화되었다.

Formation Case 01 | 네덜란드 국가대표팀(2014)

⩔ Basic Formation

하이라인 카운터의 5-3-2

판 할은 네덜란드 전통인 4-3-3을 기반으로 수많은 젊은 선수들을 시험했는데, 본 대회에서는 5-3-2를 베이스로 사용했다. 폭염에 대한 대책으로 점유율이 50%가 안 되는 역습전술을 선택했다. 포인트는 최종라인의 높이였다. 파이브백으로 폭을 커버하며 라인을 낮게 내리지 않았다. 상대가 자기진영으로 깊게 파고들어오면 역습이 어려워지고, 3명밖에 없는 MF의 피로도만 누적되기 때문이다. 그러므로 라인을 높게 유지해 중원을 콤팩트하게 만들어, 뺏은 볼을 투톱에 직접 보내는 다이렉트 카운터를 가동시켰다. 그 결과 스페인을 상대로 5-1로 압승했다.

포메이션	[5-3-2] [3-4-3] [4-2-3-1]
프리 키커	스네이더르, 로번, 블린트
빌드 업	역습, 넓은 볼 포제션, 롱패스
주공격	드리블돌파, 크로스, 세트피스
수비영역 DF area의 고저	높음

⩔ Special Formation

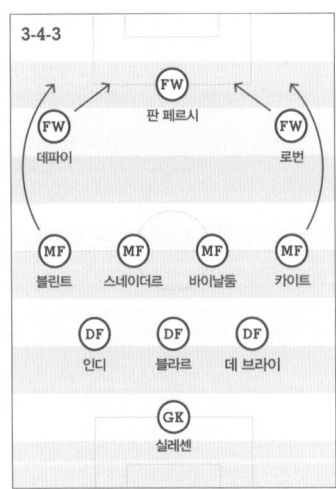

점유로 사이드를 붕괴시키는 3-4-3

파이브백으로 하이라인 카운터를 노리는 것은 비단 네덜란드뿐만이 아니라, 2014년 월드컵의 트렌드였다. 8강에서 대결한 코스타리카도 그 중 한 팀이었다. 이에 따라 판 할은 투톱을 3-4-3으로 변경했다. 상대가 투톱의 역습을 막기 위한 대비책으로 중앙에 3명의 센터백을 배치했기 때문에 사이드를 공략하기로 했다. 드리블러인 로번과 데파이의 뒤에다 카이트와 블린트를 배치해 수적인 우위를 만들어 점유로 사이드를 돌파했다. 도중에 포백으로 바꾸면서 볼 지배를 강화해, 역습을 바탕으로 상대에 따라 다양한 전술을 선보였다.

> **Point!**
> 코스타리카전은 압도적인 경기내용에도 불구하고 승부차기까지 가게 되었다. 직전에 GK 실레센을 크룰로 교체한 수가 주효하면서 승리를 거두었다.

루이 판 할

Formation Case 02 | 맨체스터 유나이티드(2014-15)

⋁ Basic Formation

비대칭으로 안정된 빌드 업

공격에 대한 무대책으로 비난을 받은 모이스가 해임된 후 꿈의 극장에 취임한 감독은 브라질 월드컵에서 평가를 높인 완전질서를 중시하는 판 할이다. 당초, 프리미어리그에서는 진귀한 스리백을 사용했으나 정착되지 않자 점차 포백 중심으로 바꾸었다. 최종적으로 안착한 형태가 이 포메이션이었다. 양쪽 사이드가 비대칭으로, 왼쪽 윙의 영은 종방향으로 공격을 개시하면서 크로스하고 오른쪽 윙의 마타는 중앙으로 들어가 종패스를 받으며 전개했다. 에레라는 내려가서 서포트하는 경우가 많았고, 펠라이니는 높은 라인으로 올라가 패스워크가 막힐 때 데 헤아로부터 롱패스를 받았다.

포메이션	[4-3-3] [4-3-1-2] [3-5-2]
프리 키커	마타, 루니
빌드 업	점유, 롱패스
주공격	크로스, 측면공격, 스루패스
수비영역DF area의 고저	다소 높음

⋁ Special Formation

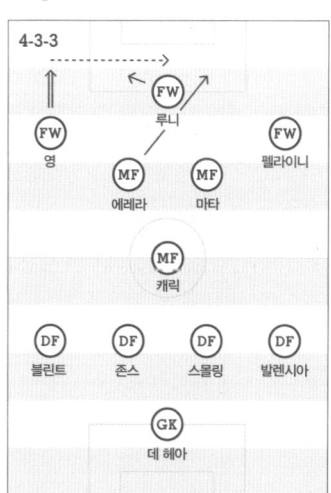

계획된 크로스 연계 전술

왼쪽 윙의 영이 크로스를 올려야 하는 상황이 되면 루니가 니어 포스트로 뛰어 들어가고 그 자리에 펠라이니가 파 포스트로 흘러 들어갔다. 마타나 에레라는 크로스 반대쪽으로 들어갔다. 돌파력 있는 영이 1대 1 경합에 강했기 때문에 크로스로 시작되는 콤비네이션은 매우 효과적이었다. 특히 장신인 펠라이니는 수많은 공중볼 경합에서 득점을 올렸다. 판 할에 의해 약속된 공격전술이 제대로 작동한 것이다. 반면 루니는 항상 니어 포스트의 희생양이 되어 공격형 미드필더에 비해 별 소득이 없는 역할을 수행해야 했다.

— Point! —

2천 500억 원을 투입하여 대대적으로 선수보강에 나섰으나, 보강의 핵심이었던 디 마리아와 팔카오는 제 몫을 하지 못하고 1시즌 만에 퇴단했다.

패배 앞에는 두 개의 길이 있다.
'도망치느냐 아니면 싸우느냐'다.

'마법'과 같은 수완
체력과 전술분석으로 기적을 일으키다

거스 히딩크
Guus Hiddink

≫ 감독이 되기까지의 경력 · 배경 · 인물상

네덜란드 1부리그에서 MF로 활약했다. 현역 시절 체육교사자격증을 취득해 10년 넘게 정서적 문제가 있는 특수아동학교의 교사를 프로축구선수 생활과 겸직했다. 1982년 은퇴하면서 지도자의 길로 나섰고, 87년에 PSV 감독으로 취임했다. 리그 3연패와 CL 우승으로 '트레블'을 달성하면서 평가를 크게 높였다. 90년대에는 스페인리그를 중심으로 감독을 역임했으나 큰 실적은 남기지 못했다. 그 후 2001년에 취임한 한국 국가대표팀에서 월드컵 4강 진출, 2006년에 호주팀을 월드컵 16강, 2008년에는 러시아팀을 유럽선수권 4강에 올리는 등 약체 팀을 이끌고 기적을 일으킨 그 수완은 '히딩크 매직'이라는 찬사를 받았다.

≫ 명승부

2008년 유럽선수권 예선에서 강호 잉글랜드에 역전승을 거둬 그룹 2위로 본선티켓을 땄었다. 본선에서는 첫 상대인 스페인에 1-4로 대패하며 초반부터 난항을 겪었으나, 히딩크는 "패배 앞에는 두 개의 길이 있다. 도망치느냐 아니면 계속 싸우느냐다."라고 선수들을 독려했고, 이후로는 잇달아 그리스와 스웨덴을 누르며 조별리그를 무사히 통과했다. 8강에서 만난 네덜란드는 3전 전승으로 조별리그를 통과한 강력한 우승후보였으나, 모국의 야전을 잘 알고 있던 히딩크는 그의 강점인 전술분석으로 네덜란드를 3-1로 격파했다. 준결승은 또다시 스페인에 0-3으로 손쓸 새도 없이 패배하고 말았으나, 히딩크 매직은 팬들에게 매우 깊은 인상을 남겼다.

ⓘ 육성한 스타선수

박지성 / 불굴의 체력을 자랑하던 MF로, 2000년 히딩크에 의해 한국 국가대표선수로 발탁되었다. 한일 월드컵 이후 히딩크가 취임한 PSV로 이적하고, 그 후로는 맨체스터 유나이티드에서 7시즌을 활약했다.

안드레이 아르샤빈 / 제니트에서 자란 공격형 MF. 2008년 예선에서 폭행으로 퇴장당하면서 본선 두 경기의 출장정지처분을 받았다. 히딩크는 주장 자리를 박탈했으나, 네덜란드전의 승리로 세계적으로 주가를 높이면서 아스날로 이적했다.

✳ 천적 및 라이벌

루이스 아라고네스 / 히딩크가 2번 완패했던 스페인 감독. 매직의 기본은 상대의 약점을 공략하는 것인데, 스페인 국가대표팀은 약점이 없었다. 히딩크는 점유를 잘하고 게임지배력이 우수한 팀에 고전하는 모습을 보였다.

마르첼로 리피 / 2006년 월드컵 결승 토너먼트 1차전에서 히딩크가 패한 이탈리아 감독. 10명이 된 상대 팀에 호주는 맹공을 퍼부었으나, 밸런스를 중시하는 수비 중심의 안정된 리피 전술을 무너뜨리지 못했다. 종료 직전의 PK로 아쉽게 패하고 말았다.

Formation Case 01 | 호주(2006)

≫ Basic Formation

깊이를 활용한 일본전

월드컵 일본전에서는 히딩크 전술이 적중했다. 후방으로의 침투와 사이드로 빠지는 움직임이 탁월한 다카하라와 야나기사와의 투톱을 호주는 막강한 스리백으로 공간을 없애며 완벽하게 봉쇄했다. 만약 일본이 투톱이 아닌 원톱으로 2선에다 인원을 더 배치하고 양쪽 사이드를 공격했더라면 호주에 훨씬 더 위협적이었을 것이다. 그러나 일본은 투톱으로 보내는 심플한 종패스가 기본 전술이었고, 호주가 이를 스리백으로 막아내는 것은 쉬운 일이었다. 반대로 호주는 일본의 스리백에 대해 비두카를 최전방에 배치하고, 조금 내려간 위치에서 키웰이 발끝으로 볼을 유인했다. 세로의 깊이를 활용한 공격으로 일본을 흔들었다.

포메이션	[3-5-2] [3-4-3] [4-4-2]
프리 키커	비두카, 브레시아노, 키웰
빌드 업	롱볼, 2선으로의 종패스
주공격	크로스, 세트피스
수비영역DF area의 고저	낮음

≫ Special Formation

파워플레이로 일본을 압도

다소 우세하게 경기를 지배하던 호주는 나카무라의 FK로 선제점을 허용하자 후반 비장의 카드를 꺼내들었다. DF 무어 대신 깜짝 소집된 194cm의 장신 케네디를 투입해 스리톱으로 바꾼 것이다. 일본의 스리백에 더욱 막강한 스리톱으로 맞서 공중전을 시도했다. 또한 후반에는 MF 윌크셔를 빼고 장신 FW 알로이시를 투입했다. 문전에 5명을 투입한 파워플레이로 종료 직전의 10분 동안 3점을 넣어 역전 승리를 거두었다. 히딩크는 월드컵 직전 합숙훈련에서 파워플레이 훈련에 많은 시간을 할애했다. 이것이 바로 매직의 정체였다.

Point!

호주의 파워플레이에 대해 일본은 빈 중원의 공간을 활용하기 위해 오노 신지를 투입했으나 좀처럼 풀리지 않았다.

Formation Case 02 | 러시아(2008)

⩔ Basic Formation

4-2-3-1

공격적인 러시아의 비밀

히딩크의 러시아가 특히 눈길을 끈 것은 90분 동안 공격적인 오버래핑과 원투로 지속적으로 침투하는 운동량이었다. 본래 러시아는 90분 동안 큰 변화 없이 체력을 비축하며 싸우는 특징이 있었다. 히딩크는 코치인 베르하이엔과 함께 체력 최적화에 돌입하면서 러시아가 전반부터 폭발력을 발휘할 수 있도록 훈련시켰다. 반대로 2002년 한국의 경우 초반에 너무 체력을 소모하다가 60분이 지나면 급격히 체력이 떨어지는 경향이 강했기 때문에 체력 비축에 초점을 맞추었다. 각 팀의 특성에 맞게 체력을 강화하는 훈련은 히딩크 매직의 근간이었다.

포메이션	[4-2-3-1] [4-4-2]
프리 키커	지르코프, 콜로딘
빌드 업	역습, 측면돌파
주공격	스루패스, 오버래핑, 원투
수비영역DF area의 고저	높음

⩔ Special Formation

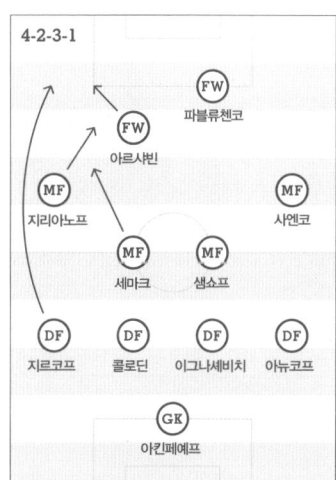

4-2-3-1

네덜란드를 원사이드로 몰아넣다

8강에서 연장전 끝에 네덜란드를 3-1로 격파해낸 위업 또한 전술 분석이 기반이 되었다. 네덜란드의 오른쪽 사이드인 불라루즈와 카이트는 수비중심의 조합이었다. 그래서 일부러 불라루즈가 볼을 잡게 해서 상대 공격을 막히게 만들었다. 후반에 네덜란드가 이 두 선수 대신 헤이팅아와 판 페르시를 투입해 오른쪽 측면을 보강하자, 히딩크는 곧바로 그 뒤를 노리는 공격으로 맞섰다. 복귀한 아르샤빈과 공격형 사이드백인 지르코프를 중심으로 왼쪽 측면으로 뛰어올라가 판 페르시의 뒤를 끊임없이 공격해 3골을 넣으며 승리했다.

> **Point!**
> 러시아의 호나우지뉴라고 불리던 지르코프는 본래 사이드백이었으나, 히딩크가 포지션을 바꾸어서 비장의 카드로 사용했다.

개성파 個性派

> 감독인 이상, 선수들에게
> '골포스트를 맞는 슈팅을
> 5번 먹더라도 이겨라'라고는
> 절대로 말할 수 없다.

공격적 4-3-3의 선구자
무관이지만 영향력만큼은 월드클래스

즈데넥 제만
Zdenek Zeman

≫ 감독이 되기까지의 경력 · 배경 · 인물상

체코 프라하 출신. 축구선수로는 크게 활약하지 못했으나 배구와 핸드볼, 야구, 수영 등 다양한 종목의 선수로 활동했다. 1968년 축구선수였던 외삼촌 비츠팔레크를 찾아 팔레르모로 이주, 삼촌의 영향을 받아 축구감독이 되었다. 가장 각광을 받은 시기는 포지아 시절이다. 작은 클럽을 초공격 축구로 세리에 A로 승격시켰고, 몇 시즌 동안 잔류에 성공했다. 94년에 라치오로 스카우트되었고, 97년에는 같은 도시에 속해있는 숙적 로마로 이적했다. 공격 철학을 관철시키기 위해 팀과 여러 해 계약하지 않는다는 방침을 가지고 있으며, 이후 많은 팀을 전전했다. 타이틀 획득은 없으나, 그의 철학은 많은 지도자들에게 영감을 주고 있다.

≫ 명승부

제만은 프라하대학에서 체육학을 전공하면서 당시 축구보다 앞서있던 육상 등의 훈련방식을 축구에 도입했다. 그 결과 90분간의 하드워크가 요구되는 공격 스타일 속에서도 선수들은 후반까지 지치지 않았고, 간혹 역전 승리하기도 했다. 그 중 하나가 1998-99 시즌의 로마 더비였다. 1994년 이후 라치오에 승리한 적이 없었던 로마는 선수 퇴장으로 10명이 되면서 1-3으로 뒤지는 가운데 후반전을 맞이했다. 그러나 이후 로마는 토티의 활약으로 연달아 2골을 넣으면서 3-3 동점을 만들었다. 선수가 퇴장해도 수비를 투입하지 않고 미친 듯이 앞으로 전진하는 제만 철학은 지도자들에게 많은 영향을 주고 있다.

❶ 육성한 스타선수

루이지 디 비아지오 / 포지아 시절의 제자. 제만에게 발탁되어 활약하며 로마로 스카우트되었다. 그 후 이탈리아 국가대표팀에서도 수비형 MF로 활약하며 1998년 월드컵에 출전했다. 8강 프랑스전에서는 5번째 키커로 PK를 실축했다.

프란체스코 토티 / 과거 선수로는 시뇨리, 현재 선수로는 인시녜와 부치니치, 임모빌레 등 제만이 키워낸 선수들은 셀 수 없이 많다. 그 가운데서도 특급 선수는 바로 토티다. 혹독한 훈련으로 그의 풍부한 잠재능력을 계발해냈다.

❂ 천적 및 라이벌

루디 가르시아 / 자신의 후임으로 로마를 이끈 루디 가르시아에 대해 "골을 넣는 것보다 점유율을 높이는 데만 관심이 있다."며 비난했다.

체사레 프란델리 / 브라질 월드컵에서 패퇴한 이탈리아 국가대표팀을 제만은 '움직임이 적다'고 비난했다. "축구는 움직여야 한다. 상대 이상으로 뛰어야 승산이 있다. 이탈리아는 그런 면에서 모든 팀에 뒤진다."고 평가했다.

Formation Case 01 | 라치오(1995-96)

⌄ Basic Formation

시작은 성공적이었으나 후반에는 힘을 잃어

1994년 취임 직후 라치오를 2위로 올려놓았다. 타이틀이 기대되었던 다음 시즌 또한 비슷한 전력을 유지하며 맞이했다. 초반에는 유벤투스를 4-0으로 격파하는 등 순조로웠으나, 후반으로 갈수록 힘이 크게 떨어지면서 3위에 그치고 말았다. 제만이 무관에 머무는 데는 몇 가지 이유가 있다. 그 중 하나는 강적이든 약체든, 대전 상대에 따라 전술을 바꾸지 않고 똑같은 축구로 맞선다는 것이다. 경기 도중에도 시간대에 따른 축구의 변화를 거부하며 똑같은 이상을 추구한다. 또한 육성이론을 적용한 체력훈련은 큰 강점이기도 하지만, 한편으로는 1년 내내 그 훈련의 강도가 너무 세다는 것 또한 리그전에서는 약점으로 작용했다.

포메이션	[4-3-3]
프리 키커	시뇨리
빌드 업	사이드 중심, 쇼트카운터
주공격	침투, 사이드백의 오버래핑
수비영역DF area의 고저	높음

⌄ Special Formation

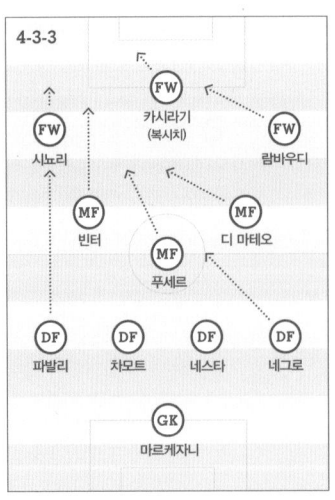

유일무이한 4-3-3주의자

제만은 4-3-3을 최전방부터 상대를 압박할 수 있는 가장 이상적인 시스템으로 여기며 일관되게 사용한다. 피치에 균형 있게 선수를 배치할 수 있으므로 상대선수를 골고루 수비할 수 있다. 한편 4-4-2의 수비 블록은 어느 정도 높은 라인에서 상대의 종패스를 기다리는 전술이므로 밸런스가 좋다. 그러나 제만처럼 강한 압박으로 볼 뺏기를 전제로 하는 경우 4-4-2는 사이드백으로의 어프로치가 멀어지기 때문에 4-3-3이 오히려 더 합리적이다. 팀이나 멤버에 상관없이 일관되게 사용하고 있다.

Point!
승리지상주의인 이탈리아에서 결과를 도외시하는 제만이 꾸준하게 지지받는 것은 시대 주류에 대한 안티테제라고도 볼 수 있다.

Formation Case 02 | 로마(1997-98)

≫ Basic Formation

4-3-3

일관된 철학으로 많은 문하생을 배출하다

제만 식 4-3-3은 거의 투백 상태로 볼 주변을 꽉 압축해 높은 라인으로 둘러싸는 것이 특징이다. 완벽하게 똑같지는 않으나 과르디올라와 클롭이 쓰는 카운터프레스도 투백만 남기고 다른 선수들이 볼을 둘러싼다. 여기에는 운동능력이 필수적이므로 제만이 지향한 체력과 공격전술의 일체화는 이치에 맞았다. 비엘사와 마찬가지로, 제만은 결과를 남기지 않으나 아이디어와 문하생들을 남긴다. 크루이프나 사키도 비슷한 타입이다. 지명도만큼의 결과는 남기지 못했으나, 영향력만큼은 막대하다.

포메이션	[4-1-4-1] [4-3-3] [4-2-3-1] [3-4-3]
프리 키커	토티
빌드 업	점유지향적. 쇼트패스를 연결함
주공격	중앙 메인이나, 측면으로부터의 크로스도 가능
수비영역 DF area의 고저	높음. 1선에서 적극적으로 압박을 가함

≫ Special Formation

4-3-3

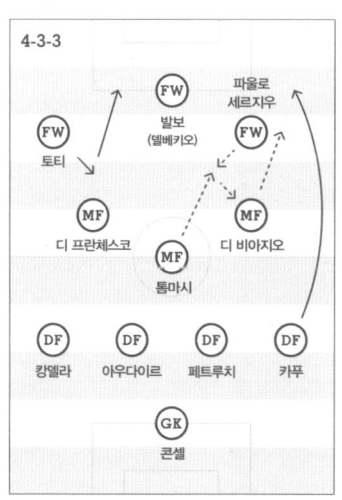

콤비네이션으로 뒤를 찌른다

공격은 개인 능력보다는 콤비네이션에 의한 돌파를 지향했다. 대표적인 패턴은 상대 사이드백을 유인한 다음 그 뒤를 찌르는 것이다. 양쪽 윙이 중앙으로 들어가는 움직임으로 상대 사이드백을 유인하고 포스트플레이로 자기편 사이드백이 침투하거나, 윙이 포스트플레이로 속이면서 반전으로 직접 침투하는 플레이도 효과를 발휘했다. 제만 축구는 방대한 패턴을 선수에게 프로그래밍하는 것이 특징이다. 자케로니가 일본 국가대표팀을 지휘했을 때도 비슷하게 콤비네이션 패턴을 주입시켰다.

— Point! —
제만은 여간해서 선수 개인을 칭찬하지 않는다. 그러나 정신력, 기술, 체력을 모두 겸비한 토티에게는 칭찬을 아끼지 않았다.

> 가장 단순한 스포츠인 축구를
> 우리는 극한의 단순함으로 플레이한다.

'제로톱' 전술을 키워낸 감독
흔들리지 않는 결의로 자신의 전술을 관철시키다

루치아노 스팔레티
Luciano Spalletti

≫ 감독이 되기까지의 경력 · 배경 · 인물상

현역 시절에는 주로 세리에 C1(3부)에서 평범한 수비형 MF로 플레이했다. 은퇴 후 엠폴리에서 지도자 생활을 시작하며, 1995년 1군 감독으로 승진했다. 팀을 3부에서 세리에 A로 승격시킨 수완을 인정받아 1998년 명문구단 삼프도리아로 영전했다. 그러나 1시즌으로 세리에 B로 강등되면서 해임되었다. 다음 시즌에도 베네치아에서 취임과 해임을 두 번 반복하는 등 클럽의 혼란에 휘말리면서 또다시 세리에 B로 강등되었다. 만신창이 신세에서 부활한 것은 2002년에 취임한 우디네세에서였다. 3-4-3으로 한정된 자원을 활용해 리그 3위로 약진시켰다. 그 뒤로는 로마와 제니트에서 중기집권하면서 꾸준히 높은 평가를 얻고 있다.

≫ 명승부

2005년에 취임한 로마에서는 코파 이탈리아를 2연패했다. 스쿠데토는 이루지 못했으나 3시즌 연속 2위로 CL 출전권을 따냈다. 2007-08 시즌의 CL 결승 토너먼트 1차전에서는 레알 마드리드를 두 경기 모두 격파하면서 합계 4-2로 승리했다. 그 후 우승팀인 맨체스터 유나이티드에 패하면서 2시즌 연속 8강에 머물러야 했다. 스팔레티가 이끄는 로마의 역습은 유나이티드를 공포에 몰아넣으며 자기진영으로 물러서게 만들었다. 로마가 유나이티드의 수비블록을 뚫고 기회를 만들어내는 장면은 통쾌했으나 결정적인 순간을 잇달아 놓치더니 결국 호날두와 루니에게 골을 허용하면서 무릎을 꿇고 말았다.

ⓘ 육성한 스타선수

호드리고 타데이 / 스팔레티의 발탁 이래 로마에서 9시즌을 활약했다. 양다리 기술과 침투, 절묘한 페인트가 환상적이다. 사이드백을 소화해내는 수비와 운동량으로 만치니와 함께 팀의 양쪽 윙을 맡았다.

프란체스코 토티 / 스팔레티의 제로톱 전술에서 토티의 볼 키핑능력이 돋보였다. 나이가 들면서 비록 운동량은 떨어졌지만 베테랑 선수의 기량과 전술만은 여전했다. 명선수의 커리어를 연장시킨 요인 중 하나는 스팔레티의 기용법에 있었다.

✦ 천적 및 라이벌

로베르토 만치니 / 부진했던 로마를 2위로 끌어올린 스팔레티였으나, 그 위에는 항상 만치니가 이끄는 인터 밀란이 있었다. 호화판 선수들을 이끄는 대조적인 지휘에 대해 경의를 표하면서도 "머리숱 말고는 부러울 게 없다."라며 세련된 표현으로 비꼬았다.

카를로 마초네 / 2016년 스팔레티는 팀의 규율을 위해 토티를 제외시켰다. 그러나 뛰어난 인심장악으로 선수를 소중히 여기는 전 로마 감독인 마초네는 스팔레티 방식을 맹비난했다.

Formation Case 01 | 로마(2005-06)

≫ Basic Formation

기존 상식을 뒤엎은 제로톱

평가를 높인 우디네세에서는 3-4-3이 그의 대명사였으나, 로마에서는 4-2-3-1을 사용했다. 기존 시스템에 맞추지 않고, 공격적 MF인 토티를 센터포워드로, 운동능력이 좋은 하드워커 페로타를 공격형 MF로 배치해 자신이 생각하는 로마의 베스트 포진 '제로톱'을 편성해냈다. 스팔레티에게는 1998년 삼프도리아 감독 시절 선수 개인의 사정과 부탁을 들어주었다가 감독으로서 타협이 지나쳤던 씁쓸한 과거가 있다. 그 후로는 팀 규율보다 중요한 것은 없다는 단호한 자세로 자신의 스타일을 관철시키고 있다.

포메이션	[4-5-1]
프리 키커	토티, 키부
빌드 업	역습. 토티 중심의 점유
주공격	2선과 3선의 침투, 측면돌파
수비영역DF area의 고저	다소 높음

≫ Special Formation

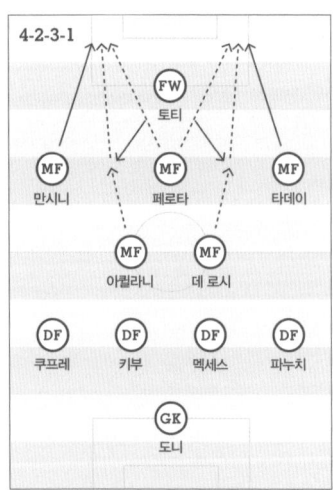

키포인트는 2선의 운동량

최전방에만 머무르지 않고 중원으로 내려가는 토티에게 보내는 종패스가 공격의 기점이 되었다. 이에 맞추어 양쪽 윙과 공격형 미드필더가 침투하고, 토티가 후방으로 패스했다. 토티의 볼 키핑능력과 2선의 운동량을 활용해 약간의 공을 들인 종방향으로의 속공이 전술의 기반이 되었다. 예를 들어 심한 마크 때문에 기회를 만들기가 어려워지면 토티의 포스트플레이로부터 페로타와 더블 볼란테로 공격을 전개해나갔다. 점차 상대가 내려가며 역습에 대응하는 모습을 보이면 토네토와 시시뉴 등의 공격형 사이드백을 활용하는 등 전술의 폭과 성장성을 높였다.

> **Point!**
> 전개력이 뛰어난 아퀼라니와 데 로시가 간혹 선보였던 3선에서의 침투도 좋은 포인트가 되었다.

Formation Case 02 | 제니트(2011-12)

❯❯ Basic Formation

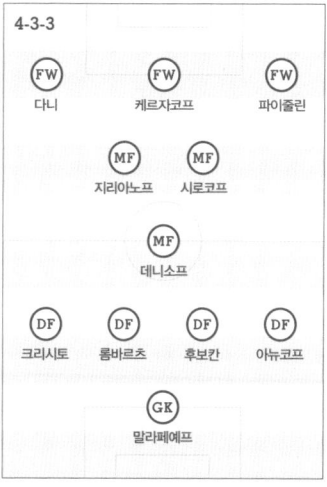

개인 능력 의존형에서 조직형 팀으로

제니트뿐만 아니라 러시아 리그는 개인능력에 의존하는 '몰빵 축구' 경향이 강하다. 그러나 스팔레티는 이를 뒤엎고 볼 중심의 콤비네이션형 팀을 만들어냈다. 삼프도리아 시절의 씁쓸한 경험 이후 재능 있는 선수의 영입보다는 현재 가진 전력에서 장점을 발견해 새로운 전술로 활용하는 것을 선호한다. 시스템 또한 정해진 형태 없이 선수에 맞게 사용하기 때문에 전술가 타입이나, 우수한 선수를 전술의 희생양으로 만들지는 않는다. 제니트는 2관왕을 달성하고 CL에서도 16강까지 올라갔다.

포메이션	[4-3-3] [4-2-3-1]
프리 키커	다니, 파이줄린
빌드 업	다니 중심의 유동적 점유
주공격	측면돌파, 크로스
수비영역DF area의 고저	다소 낮음

❯❯ Special Formation

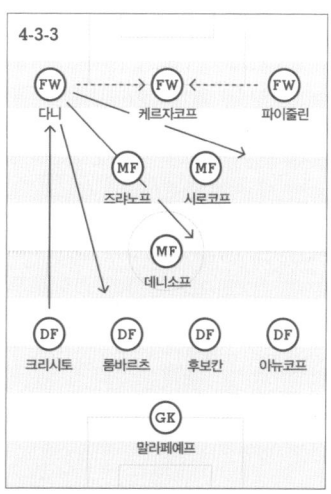

최고의 답은 제로윙

점유의 목적은 골을 위한 공간 창출에 있다. 이 때문에 스팔레티는 기술이 좋은 선수를 움직여서 좁은 공간에다 수적 우위를 만들어 내 상대가 볼을 뺏으려는 타이밍에 바로 넓은 공간을 노렸다. 로마에서는 토티가 중심이었으나, 제니트에서는 기교파 MF 다니가 그 역할을 맡았다. 왼쪽 윙을 벗어나 피치를 누비는 '제로윙'으로 점유의 중심이 되었고, 빈 사이드로는 크리시토 등이 침투했다. 원톱인 케르자코프는 골잡이 스트라이커로, 제로윙은 그의 득점능력을 활용하는 데도 도움이 되었다.

> **Point!**
> CL 결승라운드의 벤피카전을 앞두고 핵심선수인 다니가 오른쪽 무릎 십자인대파열로 빠지면서, 불운이 겹친 제니트는 결국 탈락했다.

조세 무리뉴
José Mourinho

칼럼
3

축구를 변화시킨 남자 시스터매틱 전술을 변혁하다

사키가 만들어낸 존 프레싱은 선수가 규칙에 따라 움직이는 시스터매틱systematic 전술이다. 그 절차를 팀에 침투시키기 위해서 훈련 시 밧줄로 서로를 묶어서 압박과 슬라이드, 커버링 등의 움직임을 기계적으로 반복하는, 볼을 사용하지 않는 메뉴들이 자연스레 많아졌다.

동시에 그 전술적 동작은 고부하高負荷로 가급적 빠르게 반복해야 효과가 커진다. 이에 따라 체력훈련도 육상 등 다른 종목의 메소드를 참고하면서 보다 과학적으로 계산된 러닝 및 머신트레이닝을 실시하게 되었다. 이는 1990년대부터 폭발적으로 퍼진 트렌드였다.

그런데 이 흐름을 크게 바꾼 지도자가 바로 2003-04 시즌 포르투를 지휘하며 CL을 제패한 조세 무리뉴였다.

"훌륭한 피아니스트가 연습을 하는데 피아노 주변을 맴돌면서 뛰기만 할까? 결코 그렇지 않다. 기교를 향상시키려면 피아노를 직접 쳐야 한다. 마찬가지로 훌륭한 축구선수가 되려면 축구를 해야만 한다. 이것이 최고의 훈련방법이다."

무리뉴의 피지컬 코치 루이 파리아의 스승인 포르투대학 프레테 교수가 제창한 "전술적 주기화 방법론periodization"에 따르면 축구의 본질은 카오스(혼돈)와 프랙탈(자기유사성)이라고 한다.

다시 말해, 축구는 복잡하고 불규칙한 운동이므로 한 장면을 한 기술과 한 피지컬로 따로 분리해 생각할 수 없다는 것이다.

복잡한 것은 복잡한 대로 이해해야 한다. 기술과 전술, 체력, 정신 모두 축구 안에서 포괄적으로 향상시키는 것이 가장 이상적이다. 그래서 무리뉴의 훈련은 재활프로그램을 제외하고는 모두 볼을 직접 다루는 메뉴로 구성되어 있다.

무리뉴는 전술과 체력 등 한 요소로만 분리해 기계적으로 훈련하는 기존의 방법론을 거부했다. 실제로 전술과 체력만을 지나치게 중시했던 이탈리아는 기술과 창의력을 가진 선수를 키워내지 못하고 심각한 문제를 떠안고 있다.

축구는 축구를 해야만 그 실력을 늘릴 수 있다. 현대 축구계에서는 무리뉴가 주창한 접근방식이 일반화되었다.

| 유럽 축구감독 칼럼 3 |

왼쪽 위 / 훈련에서 지시를 내리는 무리뉴 **오른쪽 위** / 교체한 선수에게 격려의 말을 건네고 있다. **아래** / 경기에서 승리하면 자연스럽게 무리뉴 주변으로 선수들이 모여들며 원이 만들어진다.

Chapter 4
신진기예 新進氣銳

일취월장하는 축구세계는 어제까지 통했던 상식이
어느새 비상식이 되어버리곤 한다.
배움을 멈추어버린 감독에게 미래는 없다.
현재 유럽에서는 현대축구의 상식을 부지런히 연마하는
젊은 감독들의 활약이 눈에 띈다. 머지않은 미래에
명장의 대열에 합류하게 될 전도유망한 7명의 신진기예 감독들을 소개한다.

Promising
Future

마우리시오 포체티노 Mauricio Pochettino

로거 슈미트 Roger Schimidt

토마스 투헬 Thomas Tuchel

안드레 빌라스 보아스 André Villas Boas

로베르토 마르티네스 Roberto Martinez

로랑 블랑 Laurent Blanc

브랜든 로저스 Brendan Rodgers

클럽의 명예를 지켜내기 위해
모든 것을 바친다.

노력과 근성의 모티베이터
거대한 등번호는 발탁의 증거

마우리시오 포체티노
Mauricio Pochettino

≫ 감독이 되기까지의 경력 · 배경 · 인물상

아르헨티나 대표로 2002년 월드컵에 DF로 출전했다. 1994년 유럽으로 건너가 에스파뇰과 파리 생제르맹 등에서 뛰었고, 2006년 은퇴했다. 감독으로는 2008-09 시즌 도중 최하위를 맴돌던 옛 둥지 에스파뇰에서 처음으로 지휘봉을 잡으면서 종반 8승 1무 1패라는 경이로운 반전을 보이면서 10위로 마무리했다. 몇 시즌을 더 이끈 뒤 2013-14 시즌 프리미어리그 무대를 옮겨 사우스햄턴을 8위로 이끌었다. 그 수완을 인정받아 다음 시즌부터 토트넘 감독으로 취임했다. 리그 굴지의 운동량을 활용한 하이프레스와 점유전술을 조합시켜 흥미진진한 팀을 만들어낸다.

≫ 명승부

성적이 부진했던 에스파뇰에서 처음으로 지휘봉을 잡으며 반등의 계기를 만들어낸 경기는 2008-09 시즌 24라운드 바르셀로나전이었다. 과르디올라 밑에서 순조롭게 재구축을 시작하며 같은 시즌 3관왕을 달성한 더비 라이벌과의 대결에서 에스파뇰은 데 라 페냐의 두 골로 승리를 거두었다. 이후로 7시즌 동안 에스파뇰은 바르셀로나에 승리를 거두지 못했기 때문에 그야말로 쾌거라 할 수 있다. 이 승리가 팀에 자신감과 투쟁심을 심어주었고, 견고한 수비와 억습으로 팀을 훌륭히 재건해내며 당당히 10위로 잔류에 성공한다. 포체티노는 전술뿐만 아니라 우수한 모티베이터로, 선수 본래의 능력을 끌어내는 데 탁월한 수완을 발휘한다.

❶ 육성한 스타선수

해리 케인 / '허리케인'이라는 별명을 가진 젊은 스트라이커. 포체티노에게 발탁되어 2014-15 시즌에는 21골이라는 폭발적인 득점력을 선보였다. 다음 시즌에도 그것이 우연이 아닌 실력임을 입증해내며, 잉글랜드 국가대표 팀에 새로운 바람을 불러일으켰다.

다니엘 오스발도 / 자기 팀이나 상대 팀 선수를 폭행하고 팬들과 싸우는 등 늘 사건이 끊이지 않는 악동 FW. 에스파뇰에서 처음으로 두 자리 수 득점을 올렸다. 사우스햄턴으로 함께 갔으나 훈련 중 폰테를 폭행해서 징계처분을 받으며 은혜를 원수로 갚았다.

✱ 천적 및 라이벌

아르센 벵거 / 홈구장이 모두 런던인 라이벌 팀 감독이지만 포체티노는 설전을 벌이지 않는다. "아르센은 위대하다. 18년이나 지휘하는 건 결코 쉬운 일이 아니다. 신심으로 존경한다. 나도 그처럼 되고 싶다."며 지나칠 정도의 존경심을 표했다.

조세 무리뉴 / 포체티노는 미디어 상에서 설전을 벌이거나 도발하는 일을 거의 하지 않는다. 늘 적을 만드는 이 포르투갈 출신 감독과도 서로 존경심을 표하는 관계다.

Formation Case 01 | 에스파뇰(2009-10)

※ Basic Formation

면밀하게 계산된 '고행'

포체티노는 선수를 고되게 훈련시키는 것으로 유명하다. 시즌 전 합숙은 보통 3부 훈련으로 이루어진다. 사우스햄턴 시절에는 스태프를 비롯한 전원이 참가하는 훈련에서 뜨겁게 달군 석탄 위를 걷게 하는 방법으로 난관을 극복하는 강인한 정신력과 팀 단결력을 강화시켰다. 심신 모두를 극한 스트레스 상황으로 몰면서 단련시킨 강인한 정신력이 시즌에서 발휘되었다. 구태의연한 군대식 훈련으로도 볼 수 있으나 훈련 중 셔츠에 GPS를 부착하여 선수의 움직임을 측정하고, 분석결과를 아이패드로 선수에게 피드백하는 등 그 내용은 치밀하게 계산된 것이었다.

포메이션	[4-2-3-1]
프리 키커	루이스 가르시아, 나카무라 슌스케, 데 라 페냐
빌드 업	점유, 역습
주공격	측면에서 커트인, 크로스
수비영역 DF area의 고저	다소 낮음

※ Special Formation

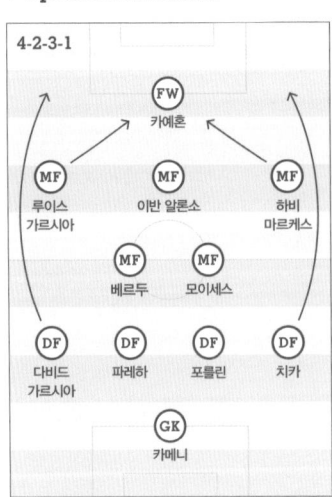

전술적으로 부진했던 2년째 시즌

포체티노의 전술에 특별한 독창성이 있는 것은 아니다. 선호하는 시스템은 4-2-3-1이다. 급히 등판된 첫 시즌은 선수비 후역습으로 결과를 냈으나, 본래는 최후미에서 점유하여 하이프레스로 상대를 압박하는 공격적 스타일을 지향한다. 2년째 되는 해에 선수를 교체하면서 본격적인 전술 착수에 돌입했다. 그러나 지공에서 상대 수비를 타개하는 방법론이 부족해 볼을 돌리기만 하다가 역습을 당하는 요인이 되었다. 그 후 스타일을 계속 바꾸다 결국 팀의 부진으로 이어졌다. 2009년 8월 급성심근경색으로 급사한 주장 하르케의 영향도 컸다.

> **Point!**
> 당초 나카무라 슌스케는 선발로 출장했으나 팀에 적응하지 못해 출전기회가 줄었다. 결국 시즌 도중 J리그로의 방출이 결정되었다.

Formation Case 02 | 토트넘 (2014-15)

⩔ Basic Formation

4-2-3-1

과감하게 젊은 선수를 기용하는 철학

하드 트레이닝과 더불어 포체티노의 최대 특징은 젊은 선수들을 기용하는 것이다. 에스파뇰 시절에는 1시즌 동안 25명을 1군으로 데뷔시켰다. 이는 사우스햄턴이나 토트넘에서도 변함이 없었다. 등번호가 30번대나 40번대의 선수가 선발로 뛰는 것도 매우 흔했다. 평균연령 또한 20대 초반으로 대폭 젊어졌다. 포체티노와 우수한 육성조직을 자랑하는 토트넘이나 사우스햄턴과의 궁합은 매우 좋았다. 젊은 선수는 어이없는 실수를 저지를 가능성이 있으나, 포체티노에게는 철학이므로 발탁하는 데 전혀 개의치 않았다.

포메이션	[4-2-3-1]
프리 키커	에릭센
빌드 업	점유, 역습
주공격	침투, 스루패스, 콤비네이션
수비영역 DF area의 고저	높음

⩔ Special Formation

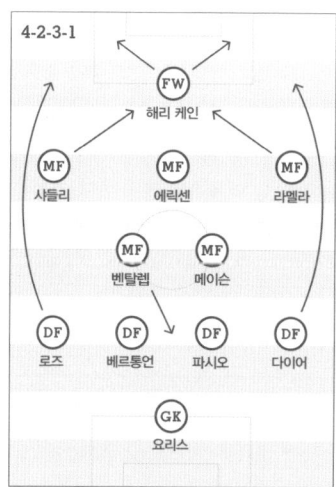

4-2-3-1

현대 축구의 정통파 전술

다양한 전술을 사용하는 편이 아니며, 정통 전술을 사용한다. 점유는 볼란테 1명이 내려가 양쪽 사이드백을 밀어 올리는 형태를 자주 사용한다. 그리고 양쪽 사이드하프는 주로 쓰는 발과 반대쪽 측면에 배치해, 중앙으로 커트인하면서 주로 쓰는 발을 쓰기 편하도록 포진한다. 이는 현대축구의 한 이론이다. 오프 시즌 동안 단련시킨 주파능력을 활용해 높은 라인에서 압박을 가하고, 디펜스라인을 높게 설정한다. 리그 최고의 주파능력을 자랑하는 팀으로, 공격적인 축구를 전개하고 있다.

---- Point! ----

젊은 선수를 기용하는 한편 출장기회를 잃은 레넌과 카불, 산드로, 홀트비 등 실력파 선수들을 대거 방출했다.

> 나는 상대 팀 때문에 골몰하는 걸 좋아하지 않는다.
> 우리에겐 우리만의 플랜이 있으며,
> 그 안에서 승부하려고 노력한다.

공격적 스타일의 지휘관
파워 프레스로 상대를 제압하다

로거 슈미트
Roger Schmidt

≫ 감독이 되기까지의 경력 · 배경 · 인물상

독일 하부리그에서 수비형 MF로 뛰다가 2004년부터 지도자의 길로 들어섰다. 하부리그에서 지도경험을 쌓은 뒤, 2012년에 '전술의 스승'이라 불리는 랑닉이 스포츠 디렉터로 있는 오스트리아의 잘츠부르크를 지휘했다. 랑닉이 제창하는 "8초 룰", 즉 볼을 뺏으면 8초 안에 마무리하는 공격적 축구를 침투시켰다. 2013-14 시즌은 리그와 컵 2관왕을 달성했다. 리그 8경기를 남기고 우승을 결정지었고, 홈 32경기 무패라는 신기록도 세우면서 오스트리아 사상 최강의 팀으로 평가받았다. 그 실적을 인정받아 2014-15 시즌부터 레버쿠젠 감독으로 취임했다.

≫ 명승부

2013-14의 윈터 브레이크 중 잘츠부르크는 과르디올라가 이끄는 바이에른과 친선경기를 가졌다. 공식전은 아니었으나 압도적인 프레싱이 제대로 작동하면서 3-0으로 바이에른을 꺾고 압승했다. 그 스타일에 크게 놀란 과르디올라는 "이처럼 강도 높은 축구는 이제까지 본 적이 없다." "우리에게 매우 유익한 경기였다. 팬들과 축구 모두에 유익했다."라며 극찬을 아끼지 않았다. 독일에서 늘 화제의 중심인물인 카탈루냐인이 내린 평가였던 만큼 슈미트의 수완이 크게 주목받는 계기가 되었다. 오스트리아 2관왕이라는 타이틀만으로는 이토록 독일에서 주목받지 못했을 것이다.

🛈 육성한 스타선수

조나탄 소리아노 / 바르셀로나 B팀에서 자랐으나 1군으로의 출전기회는 주어지지 않았다. 2012년 잘츠부르크로 이적하면서 슈미트 밑에서 재능을 꽃피웠다. 주장을 맡으며 주축으로서 활약 중이다.

케빈 캄플 / 슈미트의 잘츠부르크에서 활약하고 2014-15 시즌 도르트문트로 이적했다. 그러나 좋은 성적을 내지 못하고 다음 시즌에는 과거 유스 시절 자신이 몸담았던 레버쿠젠으로 이적, 다시 슈미트 밑에서 뛰게 되었다.

✱ 천적 및 라이벌

펩 과르디올라 / 과르디올라가 바이에른에서 완성시킨 점유와 카운터프레스가 공존하는 우수한 팀은 슈미트가 그리는 이상적인 모습이다.

위르겐 클롭 / 끊임없이 득점하고 골을 향해 공격적으로 플레이하는 프레스 중심의 스타일은 위르겐의 스타일과 닮았다. 말이 없고 조용한 슈미트는 클롭과 상반되는 인상이나, 그 안에는 공격성이 내재되어 있다.

Formation Case 01 | 잘츠부르크 (2013-14)

⋙ Basic Formation

키워드는 전진

우직할 만큼 문전으로 전진하는 스타일을 선호하는 슈미트가 제일 혐오하는 플레이는 골과 상관없는 백패스와 횡패스다. 점유는 전혀 신경 쓰지 않으며, 롱볼을 문전으로 때리는 일도 불사한다. 이것이 효과적인 이유는 무의미한 킥이 아닌, 전진을 동반하는 킥이기 때문이다. 롱볼의 낙하지점으로 전체를 전진해 밀집시키므로 '밑져야 본전'이 아닌 것이다. 적진이라도 아군이 세컨드 볼을 차지할 기회가 커지기 때문이다. 슈미트 전술은 공수에 있어서 늘 전진을 동반하는 것이 포인트다.

포메이션	[4-2-4]
프리 키커	일잔커, 소리아노
빌드 업	쇼트카운터, 사이드 중심의 빌드 업
주공격	크로스, 스루패스
수비영역(DF area)의 고저	높음

⋙ Special Formation

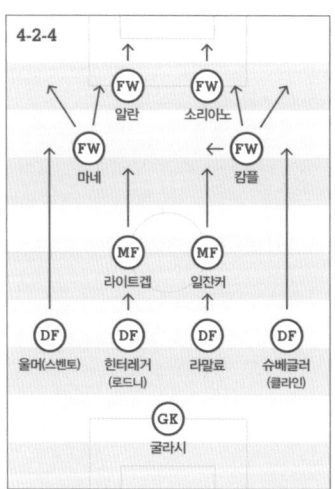

최종수비라인에 +1의 담보를 두지 않는다

윈터 브레이크 중 바이에른을 3-0으로 격파하고, EL 결승라운드 1차전에서는 아약스에 특유의 하이프레스로 압승했다. 양쪽 사이드하프가 높은 라인에 자리를 잡고 거의 포톱으로 상대의 포백을 압박하기 때문에 최종수비라인에 아군의 DF를 하나 남겨서 수적 우위를 유지하는 일반적인 '+1의 담보'를 두지 않는다. 슈미트는 이를 개의치 않는다. 배후 공간을 비우는 것을 두려워하지 않고, 늘 강한 압박으로 볼을 둘러싸 빼앗는다. 점유를 중시하는 팀에 있어 이 하이프레스가 큰 효과를 발휘하면서 바이에른과 아약스를 상대로 승리를 거두었다.

--- Point! ---

슈미트는 당초 프로 감독이 될 생각이 없었다. 그러나 그의 공격적 스타일이 하부리그에서 인정받으면서 점차 승진하게 되었다.

Formation Case 02 | 레버쿠젠(2014-15, 15-16)

⩔ Basic Formation

4-2-3-1

옐로우-레드 카드 남발의 어그레시브 스타일

최전방부터 하이프레스로 밀고 들어가는 어그레시브한 전술로 분데스리가를 석권하며 리그 4위로 CL 출전권을 따냈다. 태클과 인터셉트 개수 등 수비 액션에서 높은 수치를 기록했다. 그러나 동시에 이 격렬한 스타일 때문에 옐로우 카드가 1년 동안 76장, 레드카드는 4장으로 강등권의 하위 팀과 맞먹을 정도로 많았다. 수비는 기본적으로 4-2-4 스타일을 유지했다. 공격 시에는 사령탑인 찰하노글루를 공격형 미드필더로 배치하는 4-2-3-1도 사용했다. 양쪽 측면에 솜씨 좋은 공격수를 배치해 측면공격을 가능시켰다.

포메이션	[4-2-3-1] [4-2-4] [4-4-2]
프리 키커	찰하노글루
빌드 업	쇼트카운터, 사이드 중심의 빌드 업
주공격	크로스, 드리블, 세트피스
수비영역DF area의 고저	높음

⩔ Special Formation

4-2-3-1

4-2-4에서 4-4-2로

취임 후 세월이 흐르면서 전술에도 유연함이 생기기 시작했다. 4-2-4의 하이프레스뿐만 아니라 양쪽 사이드하프를 내린 4-4-2로 어느 정도의 높이에서 대기하다가 압박을 가하는 전술도 사용하고 있다. 특히 취임 2년째인 2015-16 시즌에는 이러한 경향이 더욱 두드러졌다. 하이프레스는 점유 위주의 팀에는 유효하지만 바로 롱볼을 차내는 팀에는 무용지물이 되므로, 낙하지점의 블록 밀도를 높일 필요가 있었다. 슈미트는 공격적 프레스라는 기본노선을 유지하면서도 대전 상대에 따라 중심을 내리는 등 현실적인 내공노 신보이고 있다.

— Point! —

독일에서 자란 터키 대표 찰하노글루는 FK의 명수로 유명하다. 바이에른의 GK 노이어를 상대로도 성공시킨 바 있다.

> 100점 만점 중 95점인 플레이를 경기 중에 선보였다 하더라도, 자네와 같은 능력을 가진 선수라면 나머지 5점을 추구해야 한다.

신세대 독일을 상징하는 감독
다채로운 메소드로 팀을 이끌다

토마스 투헬
Thomas Tuchel

≫ 감독이 되기까지의 경력 · 배경 · 인물상

독일 하부리그에서 DF로 뛰었으나 무릎부상으로 1998년 24세 나이로 조기 은퇴하면서 지도자의 길로 들어섰다. 당시 독일축구협회의 잠머가 젊고 유능한 지도자들이 유스팀에서 경험을 쌓을 수 있도록 클럽에 요청한 것에 힘입어 슈투트가르트와 아우크스부르크, 마인츠 등 각 팀의 2군을 두루 거치게 되었다. 그러면서 마인츠 U-19을 리그 우승시킨 수완을 인정받으며 2009년 개막직전에 전격 해임된 안데르센을 대신해 36세의 나이로 1군 감독이 되었다. 그로부터 5시즌을 9위, 5위, 13위, 13위, 7위로 나쁘지 않은 성적을 남겼다. 1년간의 휴식을 마치고 2015년에 도르트문트 감독으로 취임했다. 명장의 대열에 합류할 가능성이 큰 감독이다.

≫ 명장면

2015-16 시즌 과르디올라가 이끄는 바이에른과의 대전은 독일에서는 흔치 않게 고도의 전술이 오간 명승부였다. 8라운드는 4-4-2 다이아몬드 형으로 가가와를 공격형 미드필더로 배치해 중원을 두텁게 하여 높은 라인에서 바이에른의 빌드 업을 붕괴시키는 전략으로 나갔다. 목표대로 풀린 면도 있었으나 결과는 1-5로 참패했다. 25라운드는 180도 바꾸어 5-4-1로 배치해, 폭을 활용하는 바이에른의 공격을 차단하는 방책으로 임했다. "10번을 뺄 수밖에 없었다."라며 가가와를 벤치에 앉혔다. 결과는 0-0으로 무승부였으나 과르디올라는 "정말 불만한, 독일축구계에 있어 가치 있는 경기였다."고 극찬했다. 투헬도 "지휘하는 동안 매우 즐거웠다."는 소감을 밝혔다.

ⓘ 육성한 스타선수

안드레 쉬를레 / 마인츠 U-19에서 지도한 선수로, 1군 승격 뒤에도 중심 선수로 기용했다. 그 후로 레버쿠젠과 첼시 등 빅 클럽으로 스카우트되었고, 독일 국가대표로 브라질 월드컵에서 활약했다.

오카자키 신지 / 슈투트가르트에서 눈에 띄는 활약이 없었던 오카자키를 원톱으로 기용했다. 오카자키는 리그 15득점을 이루며 자신감을 얻게 되었고, 레스터로 이적했다.

✱ 천적 및 라이벌

펩 과르디올라 / 투헬은 음식의 개선이나 선수와의 대화, 유연한 전술 등 과거 과르디올라의 바르셀로나에서 "많은 것을 배웠다."라고 회고했다. 그러나 도르트문트 취임 후 "나는 과르디올라의 복제품이 아니다."라며 야심을 드러내기도 했다.

위르겐 클롭 / 마인츠에서 두각을 나타내며 도르트문트로 스카우트된 과정으로 따지면 클롭은 그의 선배 격이라 할 수 있다. 전술 면에서는 차이점이 많으나, 피치 사이드에서 희로애락을 드러내는 모습은 많이 닮았다. 2015-16 EL 8강 도르트문트 대 리버풀전에서 맞붙었다.

Formation Case 01 | 마인츠(2013-14)

≫ Basic Formation

경기마다 달라지는 다채로운 전술과 훈련

섬세한 기술을 가진 선수가 적었기 때문에 공격은 역습이 중심이었다. 사이드로 볼을 보내는 선수를 배치하고, 볼란테인 가이스를 중심으로 사이드체인지 또는 1선으로 롱패스를 전개하면서 공격에 시동을 걸었다. 규모가 작은 클럽의 경우 상대의 장점을 봉쇄하는 방식으로 접근하는 것이 정석이다. 투헬은 대전 상대를 철저하게 분석해, 경기마다 다른 멤버와 시스템을 선별해 사용했다. 훈련 또한 똑같은 메뉴인 경우가 거의 없었다. 피치나 규칙을 바꾸거나 때로는 볼까지 바꿔가며 집중력을 키우는 등 선수들이 지루하지 않도록 아이디어를 짜냈다.

포메이션	[4-2-3-1] [4-4-2] [5-2-3]
프리 키커	가이스, 말리
빌드 업	쇼트카운터, 롱패스
주공격	측면공격, 크로스
수비영역DF area의 고저	낮음

≫ Special Formation

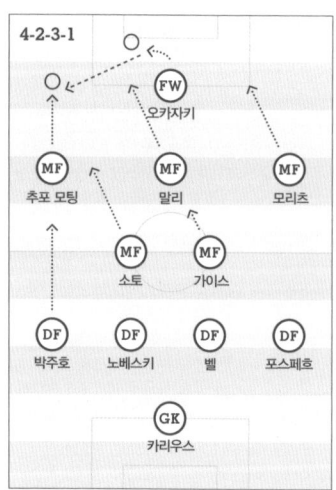

원톱으로 시작되는 집단 디펜스

슈투트가르트와 자크 재팬(자케로니가 이끌었던 일본국가대표팀을 지칭-옮긴이)에서는 사이드하프에 배치되는 경우가 많았던 오카자키를 투헬은 원톱으로 기용했다. 그 이유는 공격뿐만 아니라 그의 정교한 수비를 평가했기 때문이다. 오카자키는 의도한 장소로 상대 패스를 잘 유인해냈다. 상대 센터백이 볼을 잡으면 처음에는 볼란테로 보내는 종패스를 차단하며 천천히 붙었다. 상대가 볼 터치할 때의 매우 좁은 공백을 찔러, 스피드를 올려서 옆에 있는 센터백으로의 횡패스를 동시에 차단하고 단번에 붙었다. 이렇게 해서 같은 측면의 좁은 곳으로 패스를 유도해냈다.

— Point! —
공격형 미드필더인 말리는 오카자키의 움직임을 잘 파악해 절묘한 패스를 공급해주는 든든한 파트너가 되었다.

Formation Case 02 | 도르트문트 (2015-16)

≫ Basic Formation

클럽 시대의 수정부터 착수

맨 처음 투헬이 착수한 일은 게겐 프레싱을 살리면서 동시에 클롭 시대의 잔재를 청산하는 것이었다. 즉 라인을 내린 상대를 무너뜨려 골을 터트리는 점유를 해결해야 했다. 베이스시스템을 4-3-3으로 변경하고, 공격 시 양쪽 사이드백의 라인을 높게 했다. 피치의 폭을 활용해 상대 진형을 옆으로 넓히면서 중앙에 오바메양과 로이스, 미키타리안을 배치해 중앙을 두텁게 했다. 그 전부가 막히면 외곽에서 긴터가 대각선으로 침투하고, 가가와 대각선으로 뜬볼 패스를 하면서 상대의 최종수비라인을 타개하는 패턴이 효과를 발휘했다.

포메이션	[4-3-3] [5-4-1] [3-4-3]
프리 키커	로이스
빌드 업	왼쪽 측면 중심의 점유, 역습
주공격	측면공격, 스루패스, 얼리 크로스
수비영역DF area의 고저	다소 높음

≫ Special Formation

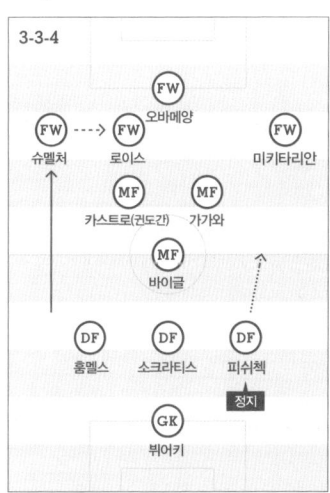

후반전은 위기관리를 중시

전반전 내용이 훌륭했음에도 투헬은 일부러 변화를 시도했다. 함부르크전과 퀼른전에서는 양쪽 사이드백이 올라간 후방을 역습당하며 패했다. 그래서 양쪽이 아니라 왼쪽의 슈멜처만 올라가도록 변경하고, 오른쪽은 긴터가 아닌 스피드와 대인능력이 뛰어난 피쉬첵을 기용했다. 때로는 스리백으로 또는 볼란테 옆 주위에 배치해 역습대책으로 활용했다. 이 수정에 의해 공격의 두터움은 줄었지만 위기관리에서 효과를 발휘해 실점을 크게 줄이게 되었다.

— Point! —
1860 뮌헨에서 스카우트해온 무명의 바이글을 앵커로 배치해, 점유의 중심적 역할을 맡게 했다.

이건 원맨쇼가 아니다.
'그룹 원'이라고 불러야 한다.

사상 최연소 기록을 갈아치우는
무경력 전술가

안드레 빌라스 보아스
André Villas Boas

>> **감독이 되기까지의 경력 · 배경 · 인물상**

매우 특이한 경력을 가진 감독이다. 저널리스트가 되는 것이 꿈이었던 그는 16세 때, 당시 포르투를 이끌었고 지금은 고인이 된 바비 롭슨에게 '모 FW의 출전기회가 적다'는 사실을 편지에 써서 전했다. 내용에 감탄한 롭슨이 그를 스태프로 기용했고, 이때 어시스턴트였던 무리뉴와 만나게 된다. 2001년에 포르투 감독으로 취임한 무리뉴 밑에서 대전 상대의 분석을 맡았고 첼시와 인터 밀란에서도 함께 일했다. 2009년에 어시스턴트를 그만두면서 독립했다. 2010년 32세에 클럽 사상 최연소로 포르투 감독으로 취임하면서 EL을 포함해 3관왕을 달성했다. 그 후 첼시로 영전했으나 궁합이 맞지 않아 경질되었다. 2014년부터 제니트 감독을 맡고 있다.

>> **명승부**

포르투에서의 첫해는 빌라스 보아스에게 비약하는 한 해가 되었다. 리그전은 27승 3무로 사상 최다 승점을 얻으며 무패로 우승했다. 컵전 또한 우승했고, EL에서도 세비야와 비야레알, CSKA 모스크바를 차례로 격파하고 결승에서 같은 리그의 브라가를 이기며 우승, UEFA 주최 클럽 대회에서 사상 최연소 감독의 우승기록을 세웠다. 젊어서 지도자의 길로 들어선 만큼 빌라스 보아스는 수많은 최연소 기록을 갱신했다. 그러나 그 뒤로 이적한 첼시에서는 안이하게 베테랑을 뺀 것이 큰 반발을 사게 되면서 조기 해임당했다. 축구에 대한 연구는 누구보다 열심히나, 빅 클럽을 이끄는 데 중요한 인심장악에는 아직 취약한 면을 드러냈다.

ⓘ 육성한 스타선수

하메스 로드리게스 / 포르투가 영입한 내성적인 성격의 MF. 볼을 빼앗기고 난 뒤 수비를 하지 않는 무책임함이 눈에 띄었으나, 팔카오와 구아린의 도움을 받고 팀에 적응하면서 차차 재능을 꽃피웠다.

라다멜 팔카오 / 포르투가 영입한 FW. 빌라스 보아스의 팀에서 골게터로 대활약하며 EL에서는 대회 17득점의 신기록을 세웠다. 다음 시즌 4천만 유로의 이적료를 남기고 아틀레티코 마드리드로 이적했다.

✱ 천적 및 라이벌

조세 무리뉴 / "나의 눈이자, 나의 귀"라고 신뢰받았으나 헤어진 뒤로는 견원지간이 되었다. 취임 시 무리뉴의 '스페셜 원'에 빗대어 '그룹 원'이라 표현하면서, 무리뉴 복제품 취급을 거부했다.

브랜든 로저스 / 첼시에서 어시스턴트로 함께 무리뉴를 서포트했다. 그 뒤 리버풀을 지휘하면서 2013-14시즌 빌라스 보아스의 두 번째 프리미어리그 지휘가 된 토트넘과 대전했다. 이 경기에서 리버풀은 5-0으로 대승하면서 보아스가 경질되는 계기가 되었다.

Formation Case 01 | 포르투(2010-11)

⋙ Basic Formation

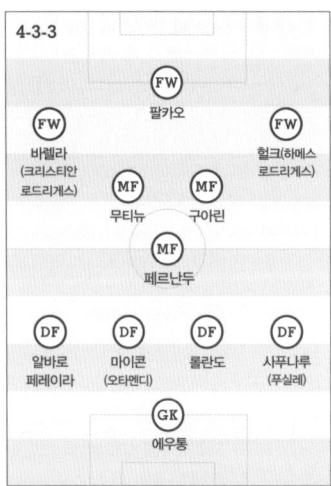

윙 돌파의 4-3-3

2009-10 시즌에 리그 최하위였던 아카데미카로 취임했다. 무리뉴 밑에서 갈고 닦은 대전 상대에 대한 분석 툴을 활용해 팀을 11위로 잔류시킨 수완을 인정받아 포르투로 스카우트되었다. 전력이 충실한 강호 클럽에서는 4-3-3 시스템을 채택해, 피치를 폭넓게 사용하며 상대를 압도하는 축구를 전개했다. 이 시스템에서 중요한 선수는 양쪽 윙이었다. 팔카오는 제로톱이 아니라 최전방을 지키며 골을 노리는 정통파 스트라이커였기 때문에 윙어가 외곽으로 퍼져 볼을 받고 드리블로 공략하는 능력이 중요했다.

포메이션	[4-3-3]
프리 키커	구아린, 헐크
빌드 업	점유
주공격	측면에서 커트인, 크로스, 중거리 슈팅
수비영역DF area의 고저	높음

⋙ Special Formation

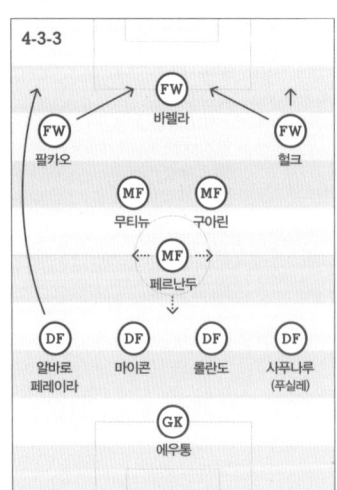

중원에도 4-3-3에 적합한 인재를 배치

1선에 개인능력으로 공격을 시도할 수 있는 공격수를 배치하면, 중원 아래를 유동적으로 만들어야 할 필요성이 줄어들면서 밸런스가 안정화된다. 왼쪽 사이드백 페레이라는 적극적으로 공격에 가담시키고 오른쪽 사이드백은 부담을 줄여주며 좌우 밸런스를 유지했다. 중원 아래의 페르난두도 포지션을 지키며 안정감을 더했다. 또한 인사이드하프에는 운동량이 풍부한 무티뉴와 구아린을 조합했다. 이 두 선수가 앵커의 측면을 커버하고 윙과 연계하는 등 공수양면에서 광범위하게 움직이는 것이 중요했다. 4-3-3에 필요한 인재가 완벽하게 갖추어진 것이 당시 포르투의 특징이었다.

> **Point!**
> 팔카오와 헐크, 하메스 로드리게스, 구아린, 페르난두 등 수많은 선수들이 빅 클럽으로 스카우트되었다.

안드레 빌라스 보아스

Formation Case 02 | 제니트(2015-16)

≫ Basic Formation

첼시에서의 실패와 제니트에서의 부활

포르투 식 4-3-3을 적용한 첼시에서는 시스템에 맞지 않는 F. 토레스와 램파드를 빼고, 스피디하지 않은 DF에게 라인을 높게 유지시키는 등 시스템을 위해 선수를 희생시키는 배치로 베테랑 선수들로부터 강한 반발을 샀다. 그 다음 취임한 토트넘에서도 결과를 내지 못하자 평가가 하락했다. 그러나 그 후 제니트에서 EL 8강과 CL 16강 진출이라는 성과를 남겼다. 다니를 자유롭게 움직이게 하는 방식은 스팔레티의 '제로톱'과 유사하지만, 다니를 중앙에 배치하고 공격수를 양쪽 측면으로 넓게 퍼지게 한 것은 점유와 측면 공격을 중시하는 빌라스 보아스다운 발상이었다.

포메이션	[4-2-3-1] [4-3-3] [5-3-2] [4-4-2]
프리 키커	헐크, 다니
빌드 업	측면 중심의 점유, 역습
주공격	크로스, 드리블, 세트피스
수비영역(DF area)의 고저	다소 낮음

≫ Special Formation

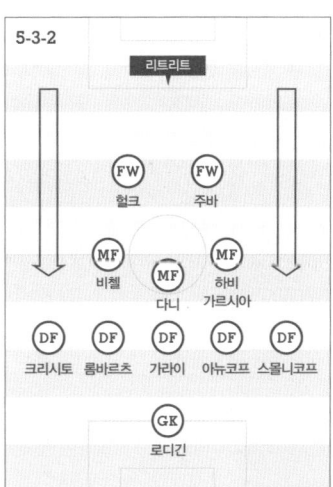

본래의 분석력을 살린 다채로운 시스템

첼시와 토트넘에서는 좀처럼 발휘되지 않았지만 본래 빌라스 보아스는 무리뉴 밑에서 스카우트 업무를 맡았다. 대전 상대를 엑스레이처럼 낱낱이 분석해내는 능력이 뛰어난 감독이다. 제니트에서는 그 능력을 십분 살려서 점유의 4-3-3뿐만 아니라 대전 상대에 따라서는 파이브백으로 후퇴, 투톱으로 역습 등 유연하게 전술을 구별해 사용하면서 전술가로서의 자신의 색채를 드러냈다. 특히 CL에서는 피치 폭을 이용해 점유하는 팀이 많으므로 경기 도중에 파이브백으로 바꾸어 일부러 상대에게 주도권을 내주는 배치를 사용하기도 했다.

— Point! —
궁합이 맞는 클럽과 그렇지 않은 클럽이 있다. 빌라스 보아스는 부담감이 적은 클럽에서 능력을 발휘하는 타입이다.

놀랄 만큼의 용기와 신념으로
플레이한다면
약체 팀이라도 파란을 일으킬 수 있다.

부드러운 점유지향파
개인과 팀 전술의 황금비율을 찾아내다

로베르토 마르티네스
Roberto Martínez

≫ 감독이 되기까지의 경력 · 배경 · 인물상

레알 사라고사의 하부리그에서 자란 스페인 출신 MF로, 스페인 라 리가 출전은 단 1경기뿐이었다. 위건과 스완지 시티 등 잉글랜드 하부리그에서 뛰다가 2007년 은퇴했다. 곧바로 옛 둥지 스완지 시티에서 지휘봉을 잡으며 스페인다운 점유축구를 지도하면서 팀을 변혁시켰고, 첫해에 2부로 승격시키면서 장차 프리미어리그에서 약동할 클럽의 기초를 닦았다. 마르티네스는 2009년부터 또 다른 옛 둥지인 위건으로 스카우트되면서 프리미어리그에서 4시즌 지휘했다. 2012-13 시즌에는 FA컵 제패를 달성해내나, 리그에서는 18위로 2부 강등의 고배를 마셨다. 다음 시즌에 에버턴 감독으로 취임했다.

≫ 명승부

2012-13 시즌의 FA컵 결승에서는 압도적 우세로 평가되던 맨체스터 시티를 1-0으로 격파하면서 위건에 클럽 사상 첫 톱 타이틀을 안겼다. 마르티네스 또한 젊은 선수기용에 적극적이다. 이 경기에서도 젊은 윙어 맥마나만이 활약했다. 점유전술을 선호하며, 최대한 개인을 희생시키지 않고 유연하게 팀 전술을 조절해내는 수완이 탁월하여, 선수들로부터도 두터운 신망을 얻고 있다. 이 결승전 이틀 후에 위건은 아스날에 패하면서 2부 강등이 확정되었으나, 그러나 마르티네스의 수완을 비판하기보다는 "위건에는 너무 아까운 감독"이라는 평이 우세했고, 결국 에버턴에 스카우트되었다.

🛈 육성한 스타선수

로멜루 루카쿠 / 안데를레흐트 유스 팀에서 성장한 벨기에 국가대표 FW. 첼시의 무리뉴 밑에서는 출장기회를 얻지 못했다. 그러나 에버턴에서 마르티네스는 "FW로서 갖추어야 할 모든 능력을 갖춘 선수"라 극찬하며 발탁, 팀의 대량 득점원으로 활약하고 있다.

제임스 맥카시 / 마르티네스의 점유 스타일을 지탱하는 볼란테로, 위건에서 주력선수로 활약하다가 에버턴으로 스승과 함께 이적하며 자신의 가치를 높였다. 스코틀랜드 출신이지만 외가의 국적을 따라 아일랜드 국가대표로 뛰고 있다.

✹ 천적 및 라이벌

브랜든 로저스 / 점유 스타일과 스완지 시티, 같은 나이 등 공통점이 많은 두 감독이 머지사이드 더비에서 만난 것은 운명의 징난과도 같다. 디미에서의 무승부가 2016년 로저스 경질의 방아쇠가 되었다.

마우리시오 포체티노 / 마르티네스와 로저스, 포체티노 모두 1973년생 감독이다. 젊은 선수를 육성해내는 수완으로 유명하며, 마르티네스와 공통점이 많다.

Formation Case 01 | 위건(2012-13)

⋙ Basic Formation

팀의 현 사정에 맞춘 점유

프리미어리그에서는 흔치 않은 스리백을 채용했다. 포백으로 점유를 지향하는 경우 두 명의 센터백 사이에서 GK가 리베로처럼 움직여야 한다. 그러나 스리백의 경우는 1명이 더 늘어나기 때문에 GK의 발끝이 꼭 중요한 것은 아니다. 스리백으로 빌드 업이 안정되기 때문이다. 1선은 2명의 FW를 사령탑 말로니가 조절했다. FA컵 결승인 맨체스터 시티전에서는 코네와 맥마니만, 두 공격수를 양쪽 터치라인 쪽으로 벌어지게 하고 말로니와의 원투 등으로 시티의 사이드백 뒤를 노리면서 상대의 약점을 찌르는 역습 돌파를 반복했다.

포메이션	[3-4-1-2] [4-4-2]
프리 키커	말로니
빌드 업	점유, 사이드카운터
주공격	측면공격, 원투, 스루패스
수비영역DF area의 고저	다소 낮음

⋙ Special Formation

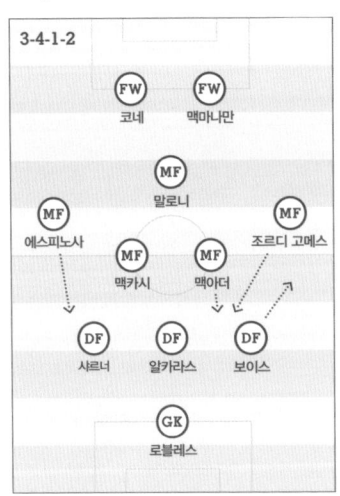

어프로치와 공간 커버의 파이브백

수비는 1선의 압박과 파이브백의 후퇴를 구별해 사용했다. 자기 진영으로 내려가 파이브백을 형성할 때는 볼을 향한 어프로치와 빈 공간의 커버를 중시했다. 볼로 접근하면 보이스가 사이드로 재빨리 붙고, 내려온 윙하프와 볼란테가 공간 커버에 들어갔다. 문전은 2명의 센터백과 1명의 반대 사이드 MF를 비롯한 3명 이상이 수비했다. 또한 사이드 간 공간을 상대가 활용하지 못하도록 앞에서 말한 커버를 작동시켰다. 상대가 공격해오더라도 페널티 라인을 넘지 못하도록 수비했다.

— Point! —
점유를 기반으로 하되 팀 전력의 강점과 약점을 고려한 시스템을 구축해내는 것이 마르티네스 방식이다.

Formation Case 02 | 에버턴(2013-14)

※ Basic Formation

선수를 살리는 점유의 전술가

용기와 신념을 가지고 위건을 FA컵 우승으로 이끈 마르티네스는 모이스 후임으로 에버턴 감독으로 취임했다. 고정화된 측면공격과 롱볼 패턴이 중심이었던 전 체제를 유연하고 융통성 있는 체제로 바꾸었다. 배리와 맥카시가 점유의 중심이 되고, 베인스의 오버래핑과 미랄라스의 드리블돌파 등 각 선수의 장점을 최대한 살렸다. 선수가 실수하더라도 마르티네스는 절대 호통 치지 않고 다음 도전을 박수로 격려한다. 미디어에 다른 감독을 욕하지도 않는다. 선수들로부터 두터운 신망을 받는 이유다.

포메이션	[4-2-3-1]
프리 키커	베인스, 미랄라스
빌드 업	점유, 롱볼
주공격	측면돌파, 크로스, 2선과 3선의 도약이 많음
수비영역DF area의 고저	다소 낮음

※ Special Formation

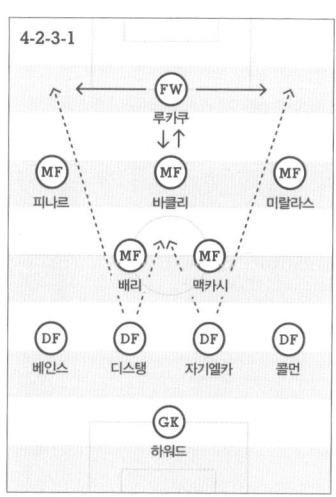

위기상황에서의 믿는 구석, '루카쿠'

점유지향적인 마르티네스는 파워와 스피드를 겸비한 루카쿠를 활용해 롱볼을 이용하는 것도 거부하지 않았다. 철저하게 쇼트패스만을 고집했던 로저스와는 달리, 이런 면에서 유연성과 선수 개성을 중시하는 의지가 엿보였다. 젊은 바클리는 기술과 민첩성이 뛰어나 루카쿠의 움직임을 보며 빈 공간을 활용해나갔다. 이 종방향의 핫라인이 180도 다른 개성의 절묘한 밸런스를 만들어냈다. 수비는 높은 라인에서의 압박과 낮은 라인으로의 후퇴 등 대전 상대에 따라 구별해 사용했다.

— Point! —
유나이티드와 첼시를 상대로 승리하는 등 이 시즌은 빅 클럽과 호각을 이루며 5위로 EL 출전권을 따냈다.

선수에게 200%를 요구하려면
먼저 그들에 대해 알아야 한다.
그들이 나를 기피하는
관계는 원하지 않는다.

조용히 지휘봉을 휘두르는 지휘자
조직적인 샴페인 축구로 새 시대를 열다

로랑 블랑
Laurent Blanc

≫ 감독이 되기까지의 경력 · 배경 · 인물상

발끝 기술과 예리한 관찰력에 의한 커버링, 192cm의 거구를 이용한 대인플레이 등 다방면에서 활약한 전 프랑스 국가대표 센터백으로, 모국 외에도 여러 해외 빅 클럽을 거쳤다. 2003년에 37세로 은퇴하면서 잠시 휴식을 취한 뒤, 지도자 자격증을 취득하면서 07년에 보르도 감독으로 취임했다. 첫해부터 리그 2위 성적을 내고 이듬해에는 리옹 8연패를 저지하는 형태로 리그와 컵의 2관왕을 달성했다. 2010년에 보르도를 사임하면서 프랑스 국가대표팀 감독으로 취임했다. 12년에 유럽선수권예선을 돌파했으나 본선에서는 스페인에 패하면서 8강에서 머문 채 사퇴했다. 그 후 1년을 쉬고 강호 파리 생제르맹 감독으로 취임했다.

≫ 명승부

남아프리카 월드컵 후 블랑의 국가대표 감독 취임은 내정되어 있었다. 그런데 프랑스 국가대표팀이 월드컵 도중 훈련을 보이콧하는 등 불명예스러운 사건을 일으키자 블랑의 취임은 예기치 않게 불 속의 밤을 줍는 꼴이 되었다. 일부 선수를 국가대표팀에서 방출해야 한다는 여론이 들끓는 가운데 블랑은 "그 자리에 있던 선수는 모두 똑같은 죄를 지었다. 특정 선수에게만 벌을 주는 긴 이니리고 본다."라고 맏하면서 데뷔전인 노르웨이전에서 월드컵 멤버 전원을 명단에서 제외하고 단계적으로 다시 소집하는 식으로 진화에 나섰다. 예선 첫 경기 벨라루스에 패하면서 비난 여론이 거세지는 가운데 2차전 보스니아헤르체고비나에 2-0으로 승리, 상승 기세를 탔다. 결국 본 대회까지 프랑스는 무패행진을 계속하며, 블랑의 공평한 출발이 효과를 발휘했다.

● 육성한 스타선수

요안 구르퀴프 / 렌에서 데뷔한 기교파 MF. '쁘띠 지단'으로 불리며 여성 팬들의 많은 인기를 얻었다. 그러나 2006년에 이적한 AC 밀란에서 라커룸에 적응하지 못하고 결국 08년에 보르도로 이적했다. 블랑 밑에서 다시 기량을 회복하면서 리그 최우수선수로 선발되었다.

아드리앙 라비오 / 2012년 파리 생제르맹 유스팀에서 1군으로 승격한 왼발잡이 MF. 2013년 취임한 블랑에게 발탁되면서 외국인 스타선수가 즐비한 파리에서 드문 프랜차이즈 선수로 출전기회를 점차 늘리고 있다.

✸ 천적 및 라이벌

디디에 데샹 / 자국개최였던 1998년 월드컵과 2000년 유럽선수권을 제패한 프랑스 국가대표팀의 전우와 같은 사이다. 감독으로 데샹은 모나코에서, 블랑은 보르두에서 각각 실적을 올렸다. 블랑이 이끈 프랑스 국가대표팀의 후임으로 데샹이 취임했다.

조세 무리뉴 / 2013-14 시즌의 CL 8강전에서 블랑은 첼시에 패했다. 그러나 다음 시즌은 결승라운드 16강에서 맞붙으며 보란 듯이 설욕했다.

Formation Case 01 | 프랑스 국가대표팀(2012)

⋙ Basic Formation

비대칭성 점유축구

오래 볼을 잡으며 경기를 지배하는 것이 블랑의 축구 철학이다. 그는 최고의 시스템을 4-3-3으로 정의한다. 중원은 공격형 미드필더를 배치한 삼각형 또는 수비형 앵커를 배치하는 역삼각형 중 선별해 사용했다. 특히 양쪽 윙을 벌려 중원을 3명에서 구성하는 형태를 선호했다. 키 포인트는 센터백에서 1선으로 보내는 쐐기패스다. 볼란테가 패스루트를 열고 그 옆을 지나는 종패스로 1선이 앞을 향한다. 왼쪽은 리베리가 외곽을 수비하고, 오른쪽은 메네즈 또는 나스리가 외곽에서 중앙으로 들어가며 드뷔시의 오버래핑을 도왔다. 좌우비대칭성으로 공수 밸런스를 유지했다.

포메이션	[4-3-3]
프리 키커	나스리
빌드 업	센터백 중심의 점유
주공격	윙의 드리블돌파, 크로스, 스루패스
수비영역DF area의 고저	다소 낮음

⋙ Special Formation

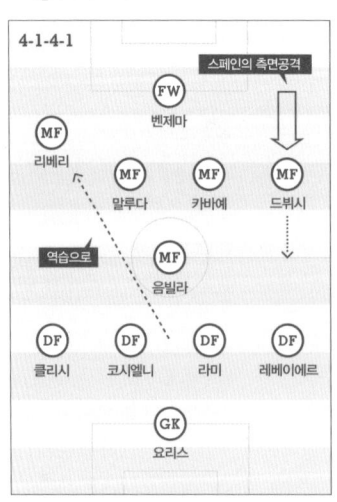

이상적 시스템인 4-3-3에서 벗어나는 경기에 주목

바르셀로나를 '눈이 즐겁다'라고 표현할 만큼 점유를 좋아하는 블랑이지만, 현실적으로는 수비를 기반으로 했다. 전원이 촘촘한 블록을 만들어 라인의 높낮이를 조절했다. 또한 강적에 대해서는 이상적 시스템으로 여기는 4-3-3을 탈피한 경우도 있었다. 그 중 하나가 2012년 유럽선수권 8강의 스페인전이었다. 알바와 이니에스타의 측면공격에 대응하기 위해 드뷔시를 한 라인 올려 2명의 사이드백을 세로로 일직선으로 세우고, 리베리를 기점으로 역습을 시도했다. 그러나 결국 수비에 중점을 둔 오른쪽 사이드가 무너지면서 실점을 당했다. 유연하게 싸울 만큼 완성도가 높지 않았다.

Point!

블랑은 불어로 백색을 뜻한다. 월드컵의 오점을 지우는 'ave blanc' (빨아서 하얗게 만들다)와 같이 그의 이름은 쉽게 언어유희의 표적이 되었다.

Formation Case 02 | 파리 생제르맹(2015-16)

⋙ Basic Formation

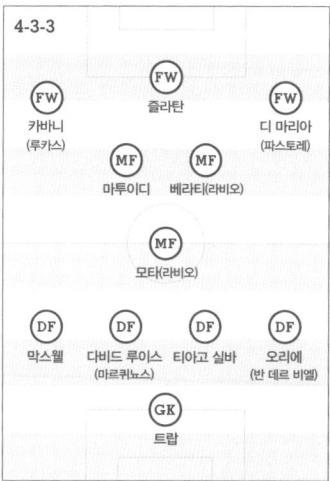

4-3-3으로의 전환이 주효

취임 당시 블랑은 전임자인 안첼로티의 4-4-2를 답습했으나 곧바로 4-3-3으로 전환하면서 자신이 이상적으로 생각하는 시스템으로 고정시켰다. 카바니는 헌신적으로 윙을 소화해내지만 중앙에서 플레이하기를 좋아하는 선수였다. 파스토레와 루카스도 윙보다는 사이드하프에 더 적임이었다. 회의적인 시각이 지배적이었으나 블랑은 4-3-3을 고집했다. 그 결과 2014-15 시즌에 리그와 두 개의 컵 그리고 슈퍼컵까지 제패하면서 프랑스 사상 첫 국내 4관왕을 달성했다. 2015-16은 8경기를 남긴 3월에 유럽 최단기간 우승을 확정지으면서 리그 4연패를 달성했다.

포메이션	[4-3-3] [3-5-2] [4-4-2]
프리 키커	다비드 루이스, 즐라탄, 디 마리아
빌드 업	점유
주공격	윙 또는 2선의 침투, 스루패스, 크로스
수비영역DF area의 고저	다소 높음

⋙ Special Formation

이상은 훌륭했으나 유연성 부족으로 고배를 마시다

CL은 맨체스터 시티에 패하면서 3년 연속 8강에 머물러야만 했다. 다비드 루이스와 마투이디가 출장정지로 빠진 2차전은 전력부족으로 3-5-2 시스템으로 변경하는 기책으로 임했으나 제대로 작동하지 않았다. 모타의 부상으로 전반에 4-3-3으로 돌렸으나 후반에 실점하며 패했다. 주전선수와 대기선수의 실력 차로 4-3-3을 유지하지 못했던 점, 유연성을 발휘하려다가 오히려 역효과를 낸 점이 패인이었다. 리그 앙의 낮은 경쟁력 탓에 강적을 상대해내는 지도력과 로테이션이 강요되는 경기 경험 부족이 파리의 취약점이었다.

— Point! —
상하이동이 뛰어난 마투이디가 빠지고 뒤로 침투할 선수는 카바니밖에 없었다. 양 사이드의 돌파력도 떨어져 무의미한 패스만 반복했다.

세상에 마법의 승리 비법은 존재하지 않는다.
훈련을 거듭하는 것밖에는
방법이 없다.

점유축구 신봉자
결과는 자연스레 내용으로 따라온다

브랜든 로저스
Brendan Rodgers

≫ 감독이 되기까지의 경력 · 배경 · 인물상

북아일랜드 출신으로 무릎 부상으로 20세에 선수생활을 일찍 접었다. 그 후 스페인에서 지도자로 경험을 쌓다가 2004년 무리뉴 밑에서 첼시의 유스와 리저브팀 감독을 역임했다. 2008년에 하부리그인 왓퍼드에서 독립하고, 레딩을 거쳐 2010년에 스완지 시티 감독으로 취임했다. 눈부시게 성장하는 클럽과 본인의 축구철학이 완벽히 맞아떨어지면서 쇼트패스를 주체로 하는 점유율 축구로 첫해에 프리미어리그 승격을 이뤘다. 이듬해에도 11위로 프리미어리그 잔류에 성공했다. 순조롭게 경력을 쌓는 듯했으나 2012년에 취임한 리버풀에서 아깝게 무관으로 끝나면서, 2015년 경질되었다.

≫ 명승부

2013–14 리버풀은 로저스가 지휘한 팀 중 최강이었다. SAS라 불리는 수아레스와 스터리지 콤비가 52골을 넣으면서 팀 전체가 리그전 101득점이라는 어마어마한 성적을 올렸다. 후반전은 11연승을 기록하며 수위로 올라섰다. 그런데 막바지 예치 않은 상황이 기다리고 있었다. 첼시전 전반종료 직전 제라드가 발을 헛딛으며 뎀바 바에게 볼을 빼앗겨 바로 실점당한 것이다. 후반은 앞으로 쏠린 틈을 역습으로 공격당하면서 우승이 걸린 중요한 일전을 놓치고 만다. 이 쇼크 때문에 이어진 크리스탈 팰리스전은 3점을 앞서면서도 따라잡혀 시티에 역전우승을 허용했다.

❶ 육성한 스타선수

조 앨런 / 스완지 시티 2부 리그 시절부터의 제자. 168cm의 단신 MF지만 높은 기술과 민첩함으로 로저스 전술을 지탱하는 선수로 활약했다. 2012년에 로저스의 리버풀 취임과 함께 이적하면서 빅 클럽에 입성했다.

필리페 쿠티뉴 / 유럽 첫 클럽이었던 인터 밀란에서는 크게 활약하지 못했으나 2012–13 시즌 도중 리버풀로 이적하면서 로저스 축구로 재능을 꽃피웠다. 격한 몸싸움에 처음에는 고전했으나 뛰어난 기술로 상대를 마음대로 조정하는 장면도 연출하고 있다.

❷ 천적 및 라이벌

조세 무리뉴 / 빌라스 보아스에 비하면 로저스와의 사제관계는 양호한 편이다. 리버풀 취임 시에도 무리뉴가 축하 메시지를 보냈으며, 해임 시에는 프론트와 선수들의 태도를 비난하며 애제자에 대한 애정을 드러냈다.

위르겐 클롭 / 정장차림에 점잖고 신사적인 언행으로 유명한 로저스 후임 감독은 운동복 차림에 호탕한 언행이 매력인 독일인 클롭이었다. 종방향으로 빠르게 전개하는 다이렉트 사커라는 전술마저 대조적이어서 로저스의 방향성은 암묵적으로 부정되었다.

Formation Case 01 | 스완지 시티(2011-12)

≫ Basic Formation

충격적인 프리미어리그 첫 도전

로저스는 최종수비라인부터 쇼트패스 연결을 철저하게 고집했다. 선수가 무턱대고 롱볼을 차면 하프타임에 호통 치는 일도 다반사였다. "패스를 정확하게 연결해야 한다. 우리의 축구를 관철시키다 보면 결과는 자연스레 따라온다."가 그의 입버릇이었다. 프리미어리그 첫해는 점유율 57.7%와 패스 성공률 85.3%로 모두 리그 3위의 성적이었다. 웨일스 클럽으로서 사상 첫 프리미어리그 승격에도 불구하고 빅 클럽에 전혀 뒤지지 않는 당당한 축구를 선보였다. 특히 아스날을 이 스타일로 격파해낸 것은 축구팬들에게 큰 충격을 안겼다.

포메이션	[4-3-3]
프리 키커	싱클레어
빌드 업	넓게 벌어지는 점유
주공격	양쪽 윙의 공격개시, 콤비네이션
수비영역(DF area의 고저)	다소 높음

≫ Special Formation

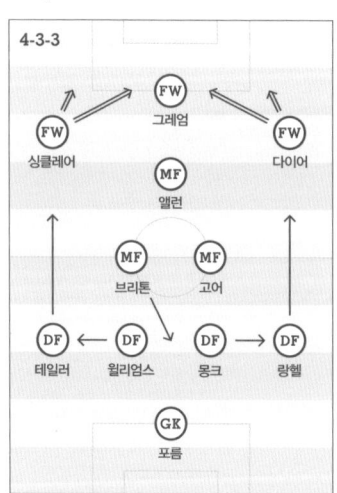

GK를 활용해 최후미부터 빌드 업

"보통 다른 팀은 10명이서 공격하지만 우리 팀은 11명이서 공격한다. 이것이 차이점이다."라고 말하는 로저스는 GK를 빌드 업 기점으로 활용했다. 양 사이드백을 높은 라인으로 올리고, 센터백을 페널티 에어리어의 폭으로 벌렸다. 상대에게 몰릴 때는 볼란테가 1명 내려가 수비를 지원했다. 이때 볼을 다스리는 기량이 전술의 기반이 된다. 여기서 종패스를 보낼 때 양쪽 윙이 벌어져 있어야 상대의 공간이 벌어지게 된다. 다이어와 싱클레어는 공격의 포문을 여는 데 뛰어난 윙어로, 점유전술에 반드시 필요한 요소였다.

— Point! —
적은 자금으로 운영되는 스완지 시티에 있어서 고액연봉의 스트라이커 부족은 고질적인 문제였다.

Formation Case 02 | 리버풀(2013-14)

⩔ Basic Formation

SAS의 투톱 운용으로 공격력이 폭발

2년차 되던 해인 2013-14시즌부터 점유의 기본형인 4-3-3뿐만 아니라 다채로운 시스템을 선별해 사용하기 시작했다. 공통되는 특징은 수아레스와 스터리지가 투톱으로 나서는 것이었다. 안정된 점유뿐만 아니라 FW의 개인 능력을 살린 종방향으로의 빠른 역습이 중요한 전술이 되었다. 이와 동시에 체력이 떨어지기 시작한 제라드를 딥 플레이메이커인 앵커 자리에 배치해 그 기술을 살려 사이드와 1선으로 패스를 보내게 했다. 리그 101득점의 공격력을 자랑했으나, 한편으로 상위클럽으로는 너무 많은 50실점으로 수비면에서 불안요소가 있었다.

포메이션	[4-4-2] [3-5-2] [4-3-3]
프리 키커	제라드, 수아레스
빌드 업	역습, 점유
주공격	침투, 드리블, 얼리 크로스
수비영역 DF area의 고저	다소 높음

⩔ Special Formation

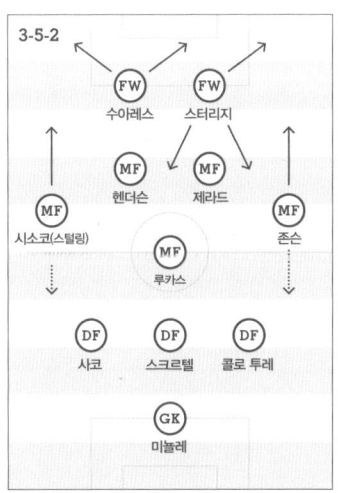

스리백의 공격적 이점을 활용

자케로니와 마짜리 등 스리백을 선호하는 이탈리아 출신 감독들은 스리백의 이점을 중원이나 1선에 1명 더 사용할 수 있는 것으로 보고 있다. 프리미어리그에서는 흔치 않은 스리백을 로저스가 단기적으로 도입한 이유도 종방향으로의 빠른 역습을 투톱으로 가능하게 하기 위해서였다. 그러면서 중원 센터의 MF에도 3명을 사용해 두터움을 유지하고, 어떤 위치에서도 공격적인 수적 우위를 만들어냈다. 그러나 스리백의 적임자가 부족해 최종수비라인의 점유와 수비에서 안정성이 떨어졌다. 다음 시즌에도 스리백을 사용했는데 엠레 찬을 오른쪽 DF로 이동시켰다.

―― Point! ――
전술을 개인능력에 최적화시킨 탓에 수아레스의 이적과 스터리지가 부상당한 다음 시즌에는 어려움이 많았다. 새로 영입한 전력들도 전혀 적응하지 못했다.

에필로그

이 책을 집필하는 동안 필자에게 강한 인상을 남긴 감독이 두 명 있었다.

한 명은 과르디올라다.

누구나 축구를 시작할 무렵 볼을 만지고 싶다는 열정만으로 플레이한다. 그러나 실력이 늘수록 점차 볼에 대한 열정보다는 골이라는 승패의 가치관이 더 커진다. 그러나 과르디올라는 철저하게 볼 철학만을 고집한다. 축구선수는 볼을 터치하고 잘 돌릴 수만 있으면, 24시간 내내 경기를 뛰어도 피곤하지 않다는 것이 그의 생각이다. 그의 축구를 보고 있으면 소년처럼 순수한 마음을 내면에 간직한 어른이 모진 풍파를 헤치고 앞으로 나아가려는 장면이 떠오른다. 과르디올라의 순수함은 내 마음을 평온하게 만든다.

또 한 명은 스팔레티다.

사람은 누구나 실패라는 인생의 터닝 포인트를 통과한다.

스팔레티에게 있어서 터닝 포인트는 삼프도리아에서의 경험이었다. 로마 감독으로 취임한 스팔레티는 절대지존이었던 토티와의 갈등을 두려워하지 않고 그를 벤치에 앉히며 과감하게 냉대했다. 그럴 수 있었던 이유는 도대체 무엇일까. 그것이 자폭 행위라는 사실은 이탈리아인이라면 누구나 알고 있었다. 그러나 삼프도리아 감독 시절, 선수의 개인사정과 요구를 그대로 들어주며 자신을 굽혔던 스팔레티는 두 번 다시 똑같은 전철을 밟지 않기로 결심한다. 그의 강인함과 완고함, 일관성은 과거에 대한 뼈저린 반성에서 비롯된 것이었다.

역시 축구에는 인생이 있다. 이 책을 집필하면서 다시 한 번 절실히 느꼈다.

크레딧

나카시마 다이스케	004
나카시마 다이스케	006-007
나카시마 다이스케	008
Winter Media	010-011
aflo	012
로이터	014-015
aflo	016
로이터	018-019
로이터	020
aflo	022-023
Press Association / aflo	024
로이터 / aflo	026-027
aflo	028
무츠 · 가와모리 / aflo	030-031
나카시마 다이스케 / aflo	032
aflo	034-035
aflo	036
AP / aflo	038-039
나가타 요헤이(長田洋平) / aflo sports	040
ZUMA Press / aflo	042-043
MarcaMedia / aflo	044
aflo	046-047
Colorsport / aflo	048
Action Images / aflo	050-051
Colorsport / aflo	053 오른쪽 아래
aflo	053 왼쪽 아래
Ullstein Bild / aflo	053 위
로이터 / aflo	054-055
Winter Media / aflo	056
Winter Media / aflo	058-059
Global Imagens / aflo	060
AP / aflo	062-063
AP / aflo	064
Press Association / aflo	064
MarcaMedia / aflo	066-067
무츠 · 가와모리 / aflo	068
AP / aflo	070-071
aflo	072
로이터 / aflo	074-075
aflo	076
로이터 / aflo	078-079
Action Images / aflo	080
AP / aflo	082-083
aflo	084 · 표4
LaPress / aflo	086-087
Italy Photo Press / aflo	088
Italy Photo Press / aflo	090-091
로이터 / aflo	092
로이터 / aflo	094-095
Insidefoto / aflo	096
aflo	098-099
로이터 / aflo	100

aflo	102-103
로이터 / aflo	104
aflo	106-107
aflo	108
AP / aflo	110-111
aflo	113 아래
AP / aflo	113 위
AP / aflo	114-115
AP / aflo	116
Maurizio Borsari / aflo	118-119
Press Association / aflo	120
로이터 / aflo	122-123
aflo	124
MarcaMedia / aflo	126-127
Press Association / aflo	128
aflo	130-131
Press Association / aflo	132
로이터 / aflo	134-135
로이터 / aflo	136
PICS UNITED / aflo	138-139
aflo	140
aflo	142-143
로이터 / aflo	144
Insidefoto / aflo	146-147
Action Images / aflo	149 오른쪽 위
Action Images / aflo	149 아래
Chelsea via AP / aflo	149 왼쪽 위
aflo	150-151
aflo	152
로이터 / aflo	154-155
로이터 / aflo	156
aflo	158-159
aflo	160
로이터 / aflo	162-163
Press Association / aflo	166-167
Action Images / aflo	168
로이터 / aflo	170-171
PanoramiC / aflo	172
로이터 / aflo	174-175
AP / aflo	176
로이터 / aflo	178-179
AP / aflo	181
aflo	표지

◇ 당신은 언제나 옳습니다. 그대의 삶을 응원합니다. — 라의눈 출판그룹

유럽 축구
명장의 전술

초판 1쇄 2017년 1월 2일
    7쇄 2024년 4월 15일

지은이 시미즈 히데토   **옮긴이** 오승민   **감수** 한준희
펴낸이 설응도   **편집주간** 안은주
영업책임 민경업   **디자인** 기민주

펴낸곳 라의눈

출판등록 2014 년 1 월 13 일 (제 2019-000228 호)
주소 서울시 강남구 테헤란로 78 길 14-12(대치동) 동영빌딩 4 층
전화 02-466-1283   **팩스** 02-466-1301

문의 (e-mail)
편집 editor@eyeofra.co.kr
마케팅 marketing@eyeofra.co.kr
경영지원 management@eyeofra.co.kr

ISBN : 979-11-86039-70-0 13690

이 책의 저작권은 저자와 출판사에 있습니다 .
저작권법에 따라 보호를 받는 저작물이므로 무단전재와 복제를 금합니다 .
이 책 내용의 일부 또는 전부를 이용하려면 반드시 저작권자와 출판사의 서면 허락을
받아야 합니다 .

TOP 40 GREATEST MANAGERS IN EUROPE by HIDETO SHIMIZU
ⓒ HIDETO SHIMIZU 2016
Korean translation rights ⓒ 2016 by EyeofRa Publishing Co., Ltd.
Originally published in Japan in 2016 by X-Knowledge Co., Ltd.
Korean translation rights arranged through AMO Agency SEOUL

이 책의 한국어판 저작권은 AMO 에이전시를 통해 저작권자와 독점 계약한 라의눈에 있습니다 .
저작권법에의한 한국 내에서 보호를 받는 저작물이므로 무단 전재와 무단 복제를 금합니다 .